高等职业教育"十四五"系列教材 汽车专业

智能交通系统概论

主　编　熊江勇　俞竞伟　聂睿瑞
副主编　徐仁春　许　津　陈赛男
　　　　李昕颖　陈　诚
主　审　李建林　刘　刚　崔金魁

U0360163

南京大学出版社

图书在版编目(CIP)数据

智能交通系统概论 / 熊江勇,俞竞伟,聂睿瑞主编
. —南京:南京大学出版社,2023.9
ISBN 978 - 7 - 305 - 27266 - 0

Ⅰ. ①智…　Ⅱ. ①熊…　②俞…　③聂…　Ⅲ. ①交通运
输管理—智能系统　Ⅳ. ①U495

中国国家版本馆 CIP 数据核字(2023)第 170227 号

出版发行　南京大学出版社
社　　址　南京市汉口路 22 号　　　邮　　编　210093
出 版 人　王文军
书　　名　智能交通系统概论
　　　　　ZHINENG JIAOTONG XITONG GAILUN
主　　编　熊江勇　俞竞伟　聂睿瑞
责任编辑　吴　华　　　　　　　编辑热线　025 - 83596997
照　　排　南京开卷文化传媒有限公司
印　　刷　丹阳兴华印务有限公司
开　　本　787 mm×1092 mm　1/16　印张 11　字数 255 千
版　　次　2023 年 9 月第 1 版　2023 年 9 月第 1 次印刷
ISBN　978 - 7 - 305 - 27266 - 0
定　　价　39.80 元

网　　址:http://www.njupco.com
官方微博:http://weibo.com/njupco
微信服务号:njuyuexue
销售咨询热线:025 - 83594756

扫码可免费申请
本书教学资源

序　言

交通是兴国之要，强国之基。党的二十大报告提出，加快建设交通强国。智能交通是当今世界交通运输发展的热点和前沿，它依托既有交通基础设施和运载工具，通过对现代信息、通信、控制等技术的集成应用，以构建安全、便捷、高效、绿色的交通运输体系为目标，充分满足公众出行和货物运输多样化需求，是现代交通运输业的重要标志。

智能交通是长三角陆路交通重要产业链之一，依托新能源汽车发展，聚焦陆路智能交通，以 AI 技术在交通中的应用为纽带，构建 AI＋交通的产业链。智能交通产业链以服务智能汽车和智慧交通岗位群为重点，其中智能网联汽车技术、新能源汽车技术专业聚焦"智车"领域，服务智能汽车检测与维护、智能网联系统维护岗位；智能交通技术、城市轨道通信信号技术专业聚焦"智路"领域，服务列车自动驾驶系统维护和陆路智慧交通系统维护岗位群。

衷心希望广大智能交通类新生同学能够认真学习，借助"AI＋"信息专业特色，以及人工智能、电子和通信等，学习 AI 素养，聚焦交通智能化技术，服务智能汽车、智慧出行岗位群，力争成为交通行业高素质技术技能人才，将来能够在智慧交通类行业中赢得一席之地。另外，非常感谢南京汽车集团有限公司在本教材编写过程中提供的大力支持。

南京信息职业技术学院　李建林

2023 年 7 月

目 录

扫码可见
本章微课

智能交通技术概述

当汽车慢慢地融入普通百姓的家庭生活,城市里的汽车保有量迅猛增长,而道路系统的发展速度却远远跟不上汽车持续增长的需求,城市道路交通拥堵会日趋严重。

当你因为堵车而导致驾车龟速爬行时,是否想过给自己的座驾加装一双翅膀,飞越茫茫车海。其实,早在 20 世纪 40 年代,福特汽车公司创办人亨利·福特就曾大胆预测:飞行汽车迟早会出现。研发无须依赖路面的新型交通工具——飞行汽车,无疑是缓解交通拥堵的一条好途径,但要如何才能在我们头顶的这片天空做好文章呢?

2009 年 3 月初,世界首辆飞行汽车在美国实现首飞。驾驶人只需按下一个按钮,就能实现汽车由飞行状态转为陆上行驶。此后,美国 Terrafiigia 公司研制的陆空两用变形车还被允许投入商业性生产。2012 年,我国首辆飞行汽车问世,以往只能在美国好莱坞大片中见到的高端玩意,如今已近在眼前。它最大巡航速度为 180 千米/小时,最大行车速度为 120 千米/小时,持续飞行时间 3～4 小时,极具诱惑力的数据,你心动吗?不过,人民币 200 万的售价,加之现有"惨淡"的道路条件,对绝大多数人来说恐怕只能是望洋兴叹!唉,要想真正疏导城市交通,还是得靠成熟的智能交通技术。

智能交通技术已与我们的日常生活紧密联系在一起了,交通信息的采集、处理和发布等信息已共享于公众,方便了人们的出行,节省了大家的时间。交通信息的仿真、信号限制、电子收费等服务更是保证了我们的日常生活秩序。

1.1 交通信息的采集

道路交通事故时有发生,交通拥堵也常常伴随着我们的生活。当道路上不幸发生交通事故或交通拥堵时,交警及相关指挥人员总能在第一时间赶赴现场并采取相应的措施。你知道他们为何可以如此高效率吗?因为你早已进入了他们的"视线",一切实时交通信息都在掌握中。准确、实时和完整的交通信息采集是智能交通系统的基础,让我们一起来了解交通信息是如何被采集的吧。

1.1.1 卫星定位技术

手机用于定位,是移动定位技术的一种典型应用。说起移动定位技术,想必大家都会想起由美国研发并投入使用的全球定位系统(GPS)(如图 1-1)。其实,除了 GPS,我国也拥有自主研发的定位技术——北斗卫星导航系统。下面就让我们一起走进移动定位的

图 1-1 GPS示意图

世界。

　　手机的定位方式有两种,一种是通过加入 GPS 芯片来定位(利用手机上的 GPS 定位模块将自己的位置信号发送到定位后台来实现手机定位),另外一种是通过移动基站来定位(利用基站对手机的距离进行测算来确定手机位置)。

　　手机定位有利有弊,关键在于用户如何使用。在发生紧急事件时,手机定位可以为生命救援提供方便。另一方面,用户位置信息被随意窃取的现象愈演愈烈,与手机定位相关的犯罪活动也越来越多,这是需要引起用户和管理者警惕的。

小故事

手机出卖了我的位置?

　　案例1:当我们用微信"摇一摇"摇出附近的其他用户时,当大家用手机微博看到谁在附近发微博的时候,其实别人也能知道你的位置(如图1-2)。

　　案例2:冯小刚的电影《手机》给观众留下了深刻的印象——私生活被严重干扰而拼命想逃离人群的严守一,被一部全球定位手机弄得无所遁形,精神几近崩溃。

　　案例3:小军是一家专营消防器材公司的技术员,因为常需要驻在不同的工地上,他总以此为借口睡到自然醒再回公司报到。某天,该公司老板请小军所在的项目成员吃饭,提到了 iPhone 手机上自带的手机定位系统可以随时看到好友的实时位置。老板立即建议用 iPhone 手机的员工都安装这款定位软件,方便联络。小军说,"虽然老板没有硬性规定,但是当时饭桌上的同事们都拿出手机,在老板指导下安装了定位软件。"从此,小军再也不能找借口偷懒了。

图 1-2 微信"摇一摇"界面截图

手机定位的好处

　　手机定位技术的好处多多,可以服务于我们的日常生活。比如,把手机定位应用于汽车救援服务,给汽车救援服务商和车主带来了方便。过去,一旦车辆出现故障,车主需要通过打电话的方式说明自己的具体位置,既花费时间又浪费话费,而且车主往往并不清楚自己所处的位置。而现在,只需要打一个电话,发送一条短信就能准确定位车主所在位置,省钱省时又省力,而且还不需要在汽车和手机上安装任何东西,相当方便。因此,这种服务深受汽车救援行业的欢迎。

　　又如,把手机定位服务应用于医疗急救,能为医护人员和病人争取到宝贵的时间。手机定位服务应用于医疗急救采取拨号定位方式,不需要回复短信,病人只需向医院打一个电话就可以被院方定位并被及时救助。

此外,利用手机定位技术开发的一款知名软件——手机伴侣,对于弱势群体的安全监护非常合适。把它安装在老人和儿童的手机上,当老人或者儿童外出走失时,向其手机发送短信即可获得他们具体的地理位置。

全球定位系统(GPS)是利用 GPS 定位卫星,在全球范围内实时进行定位和导航的系统。GPS 导航系统的基本原理是服务区内的卫星测量出各自到某一用户接收机的距离,通过综合多颗卫星的数据得到此接收机的具体位置(如图1-3)。由于 GPS 导航系统给我们的出行带来了许多的方便,因此,深受大多数自驾出行者的青睐。

图 1-3　卫星定位原理示意图

全球定位系统是美国军方开发的系统,之前我国智能交通系统几乎都是建立在全球定位系统的基础之上的,这从根本上具有缺陷性,也限制了我国智能交通的进一步发展。目前,为了掌握定位技术的自主性,我国已经开发了北斗卫星导航系统(以下简称"北斗系统")。已经投入使用的北斗系统,正在我国的智能交通中发挥着越来越重要的作用。

北斗系统由空间段、地面段和用户段三部分组成。北斗系统空间段由若干地球静止轨道卫星、倾斜地球同步轨道卫星和中圆地球轨道卫星等组成。20 世纪后期,中国开始探索适合国情的卫星导航系统发展道路,逐步形成了三步走发展战略:2000 年年底,建成北斗一号系统,向中国提供服务;2012 年年底,建成北斗二号系统,向亚太地区提供服务;2020 年,建成北斗三号系统,向全球提供服务。目前北斗系统已经在交通信息查询、交通流量监测、车辆跟踪、公交车监控和调度、出租车叫车服务、行车安全管理、紧急援助以及交通事故分析等方面正式提供服务,具有极其重大的作用。北斗系统全部为我国所有和控制,系统运行维护不受国际环境变化的影响,完全可以取代美国的全球定位系统在我国智能交通系统中的地位。

延伸阅读

北斗卫星导航系统

北斗卫星导航系统是我国自主研制开发的无源三维卫星定位与通信系统,是继美国的全球定位系统(GPS)、俄罗斯的全球卫星导航系统(GLONASS)之后全球第 3 个成熟的卫星导航系统,北斗导航定位系统独有的可传送多达 120 个汉字信息的通信功能,让使用者即使在无通信信号覆盖的区域也能及时获取位置等信息。北斗卫星导航系统致力于向全球用户提供高质量的定位、导航和授时服务,包括开放服务和授权服务两种方式。开放服务是向全球免费提供定位、测速和授时服务,定位精度可达 1 米,测速精度0.2 米/秒,授时精度 10 纳秒。授权服务是为有高精度、高可靠卫星导航需求的用户,提供定位、测速、授时和通信服务以及系统完好性信息。导航精度上不逊于欧美,北斗卫星导航系统解决了何人、何事、何地的问题,这就是北斗的特色服务,靠北斗一个终端我们就可以走遍天下。

不眠不休的电子警察

深夜,南京城郊公路上车辆稀少,王某驾驶汽车,借着点酒劲开足马力,体验了一把"速度与激情"。突然,"咔咔咔"几道白光闪过,在路口不眠不休的电子警察把违法超速的王某抓了个现行。如今,在没有交警执勤的区域和时段,电子警察正发挥着关键的作用(如图1-4)。

图1-4　道路上的电子警察

1.1.2　车辆探测技术

你也许会好奇,为什么这样一个不起眼的设备能让交通违法车辆无所遁形? 它又是如何迅速准确地监测到违法行为、记录证据并做出处罚的呢? 相信在这一节中,你会找到答案。

车辆检测技术在智能交通系统中扮演着重要的角色,它为道路交通的研究、规划和管理提供了基础信息,是相关部门做出正确决策的科学保障。目前,得益于我们在传感器、微电子和信息处理等领域的进步,车辆检测技术取得了较大的发展,检测设备已具备采用大规模集成电路和微处理等综合技术的能力。它们不仅能检测到车辆,对车辆进行计数,还能够检测车速、是否逆行、车辆种类、空间占有率、停车时间、延误时间、排队长度以及异常交通状况等多种动态交通参数,有效地支持了ITS各子系统与相关应用的运作和开展。看到这儿,相信大家心里早已打了不少问号:车辆检测这项基础性工作是如何实现的? 如果需要得到一段时间内通过某个断面的车辆数,有什么简单易行的方法呢? 这其中涉及哪些技术? 它们的工作原理又是怎样的呢? 下面我们将一一解读。

目前,车辆检测技术根据检测方式的不同划分为3大类:磁频车辆检测技术、波频车辆检测技术和视频车辆检测技术。这里主要对以上3种技术中的代表技术做具体介绍。

（1）环形线圈式车辆检测技术。如果我们出行时留心观察，想必对图中的地感线圈并不陌生，它就是检测技术中的感应元件。环形线圈是目前国内外使用最为广泛的车辆检测装置（如图1-5）。当有车辆通过时，车辆的金属部件会使通电线圈产生的磁场减弱，电感量减少，从而引起电路调谐频率的上升。因此，只要检测出信号的频率或相位是否发生变化，就可以知道是否有车辆通过。当多个地感线圈联合使用时，还能够检测出诸如车速和车辆排队长度等多种动态交通参数。

（2）微波车辆检测技术。大家是否在城市某些限速路段上看到过图中的交通设施呢（如图1-6）？相信聪明的你已经猜到了，它就是微波车辆检测器家族中的测速雷达。它能迅速地检测出车辆的行驶速度，并在电子屏上显示，对机动车驾驶人、路人起到提醒和警示的作用。倘若出现了违法超速的情况，与之配套使用的摄像机等设备还能实现自动抓拍，为处罚提供证据。那么，这些功能强大的微波车辆检测器是如何工作的呢？原来，它们是通过发射电磁能量并检测目标反射回来的波或者目标的固有辐射来实现对目标的探测的。设备接收到的这些电磁波信号提供了很多关于目标的信息，进行分析计算后就能得到目标的空间坐标。对于运动目标，雷达还能根据多普勒效应测算出物体运动的速度和加速度，并推导出目标的轨迹和姿态，进而对其未来的位置做出预测。

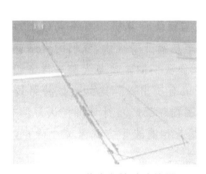
图1-5 道路上的地感线圈

图1-6 测速雷达电子显示屏

（3）视频车辆检测技术。视频车辆检测系统是在传统电视监视系统基础上发展起来的，是以车辆检测技术、摄像机和计算机图像处理技术为基础，大范围地对车辆进行检测和识别（如图1-7）。基本原理是在很短的时间间隔内，由摄像机连续摄得两幅图像，图像

图1-7 视频车辆检测器

是数字图像,系统很容易对这两幅图像的全部或部分区域进行比较,有差异说明有运动物体。

小知识

基于视频的交通流检测

在地面上架设感应线圈的传统车流量检测方法,仪器损坏率高,维护费用大。基于视频处理技术的交通流检测方法,只需要在道路上方架设一台摄像机,就可以使计算车流量、平均速度等变得简单和方便。

首先,需要在架设摄像头后,保存若干幅只有路面的道路照片作为背景图像,并对图像进行增强处理。然后在这些图像上设定虚拟检测区。常用的虚拟检测区有矩形检测区和检测线两种形式,前者运算量大,但获得的信息准确,后者可以将大量检测点设在车辆驶入的必经之路上,这样既保证了检测结果的正确性,又大大地减小了运算量(此时可把虚拟检测区内的像素值作为无车时的背景模板值)。

当有车辆驶入、停留或离开时,计算机都会注意到像素值的改变。想象我们小时候DIY的小人书,将每一个微妙的变化按顺序画在本子上,当轻轻连续翻动书页时就看到动画的效果。此时我们的眼睛就是摄像机,而大脑就像计算机。当一点微小的变化进入视线范围,如刚开始是车头,接下来是车身,最后车尾离开了视线,我们的大脑就总结出这样一个信息:有一辆车驶过。摄像机与计算机,就像我们的眼睛与大脑一样密切地配合。

有时候道路背景会有些变化,与背景模板值有所出入。比如大风将路边的大树吹得伸了个懒腰,但是只要像素值的变化在一定范围内(<5%),计算机将认为没有车辆驶入。图像处理技术还可通过增大道路与车辆的灰度差和滤波等方式来减小噪声,使结果更加准确。

1.1.3 "浮动车"技术

当我们兴高采烈地乘车回家时,拥堵的交通往往会使心情变坏,这个时候我们一定会想,如果能提前知道道路的交通状况,就可以选择畅通的路线,快捷地抵达目的地。面对城市道路交通的拥堵,获取道路实时交通流量流向的信息,会为车辆调度带来极大便利,这时就是"浮动车"技术大显身手的时候。

大家是否见过"浮动车",是否听说过"浮动车"技术一词,它们到底是何方神物?其实它们一点都不神秘,它们在我们的生活中随处可见。当我们在广州坐上的士时,乘坐的的士可能就是辆"浮动车"。

"浮动车"是指安装有定位装置和无线通信设备、能够与交通控制中心进行信息交换的车辆。"浮动车"系统的车辆一般由出租车或公交车构成。在城市道路中采集道路交通信息的车辆,就犹如在车水马龙中浮动的信息传感器一样,为交通系统提供实时路段交通信息,被称作"浮动车"(floating car),也被称作探测车(probe car)。

"浮动车"技术是近年来国内外获取交通信息的先进技术之一(如图1-8)。它的基本原理是根据装有全球定位系统的"浮动车"在行驶过程中将定期记录的车辆位置、速度和方向等信息,应用地图匹配、路径推测等相关的计算方法进行处理,得到不同时间内"浮动车"在城市道路的位置,最终获取"浮动车"所经过道路的车辆行驶速度以及行车时间等交通信息。如果在城市中有充足的"浮动车",并将这些"浮动车"的实时位置数据及时地传输到交通信息中心,由信息中心汇总处理后,就可以得到整个城市实时和动态变化的交通路况信息。

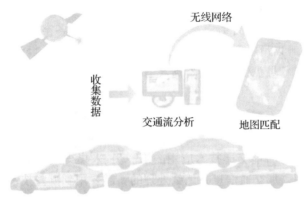

图 1-8　"浮动车"技术基本原理示意图

与线圈、微波、超声波等传统的交通数据采集方法相比,"浮动车"技术可以在花费较少的情况下灵活地采集路段的信息,具有高效、实时、自动化、采集面广和采集交通参数多的特点。传统的交通采集设备多是固定的,初次安装投入成本巨大,通常只安装在主要检测路段,覆盖范围也很有限,不能采集行程车速和延误时间等评价路网服务水平的重要参数。"浮动车"技术可以很好地克服以上缺点,是智能交通运输系统(ITS)数据采集的重要方式。

延伸阅读

"浮动车"数据的发展及应用

"浮动车"数据简称 FCD(floating car data,FCD),应用发展于 20 世纪 90 年代早期。1991 年,美国提出了动态车载导航系统的主要试验项目,目的是为了客观地分析驾驶人是否需要实时信息避免拥堵,从而提高行车质量。最初只有 80 辆车采集信息。1997 年,经过一系列的工程后,项目进入应用阶段。虽然 FCD 带来的利益远大于传统采集方法,但由于成本问题在早期没有得到广泛应用。直到 2000 年美国政府取消了对民用信号的干扰,大部分"浮动车"都采用了 GPS,从而降低了成本,使得 FCD 用于交通信息采集有了可能性。随后,英国、德国、瑞士、日本等国家都对"浮动车"技术及其应用展开了大量的研究。

目前,FCD 的应用主要包括交通状况检测、拥堵自动探测、动态路径选择、车外导航、车辆部署、数字地图绘制、确定路径、探测道路服务水平等方面。以下举例子说明 FCD 在交通状况检测方面的应用。一般情况下,可以将某一路段、区域的交通状况分为很畅通、畅通、较畅通、一般、较拥挤、很拥挤、堵塞几种情况。通过 FCD 得到车流的速度范围,对应可以得到交通的状况。例如,设某条道路的自由车速为 70 千米/小时,当通过"浮动车"信息采集系统测得车辆的行驶速度为 60～70 千米/小时,则可认为该路段很畅通;若测得的车速为 50～60 千米/小时,可认为该路段畅通;若测得的车速为 40～50 千米/小时,可认为该路段较畅通;若测得的车速为 30～40 千米/小时,可认为该路段路况一般;若测得的车速为 20～30 千米/小时,可认为该路段较拥挤;若测得的车速为 10～20 千米/小时,可认为该路段很拥挤;如果测得的车速小于 10 千米/小时,甚至为 0,则可以认为该道路堵塞。在此基础上,可以用不同颜色在电子地图或可变情报板上标示出路段的车流状态,为交通管理部门和出行者提供直观的交通状态信息。

1.2　交通信息的处理

交通信息采集只是智能交通技术应用的第一步,采集得到的交通信息需要经过处理之后才能为我们所用。那交通信息是怎么处理的? 需要用到哪些技术? 下面我们将揭开交通信息处理的神秘面纱,让"真相"浮出水面!

 小故事

交通数据压缩有多惊人?

小张是一名高校的研究生,对交通数据压缩技术十分感兴趣,他通过查阅文献知道目前已有许多方法被用于交通数据的压缩处理,实用的数据压缩技术包括:哈夫曼编码、LZW 编码、小波变换编码、分形编码等。

因此,小张运用小波变换和哈夫曼编码的方法对北京某路段的 65 个断面采集回来的流量、平均速度、占有率等交通数据进行压缩,压缩比达到 20：100。可见,交通数据压缩技术有着不可忽视的作用。

1.2.1　交通数据压缩与数据挖掘

通常,交通信息处理的第一步就是对数据进行压缩。对于"压缩"一词,我们耳熟能详,如压缩饼干,就是一种为了减少存放体积、便于携带的饼干。又比如,当某天我们走在路上,碰见熟人时说:"吃过了吗?"我们知道这是在打招呼,既不是要请客,也不是"没吃赶紧回家吃去"。笼统地说,把一系列已有信息通过一定方法处理,使得其长度缩短,并且信息含量基本或者完全不变,就称之为压缩。由此一句简单的"吃过了吗?"是礼貌地问,也是一种信息的压缩。我们可以触类旁通,很好地理解"数据压缩"。

数据压缩是指在不丢失信息的前提下,缩减数据量以减少存储空间,提高其传输、存储和处理效率的一种技术(如图 1-9)。在数据压缩过程中,按照一定的算法对数据进行重组,从而减少数据的冗余和存储的空间。

为什么交通数据可以压缩呢？首先,数据中间常常存在一些多余成分,即冗余度。如在交通数据文件中,某些符号要比其他符号频率高得多地重复出现或一些字符总在数据块中某一可预见的位置上出现。这些冗余部分便可在数据编码中除去或减少。冗余度压缩是一个可逆过程,因此,叫作无失真压缩。其次,数据中间尤其是相邻的数据之间常存在着相关性:如交通信号具有一定的规律性、周期性和相似性等。因此,可以利用某些变换来尽可能地去掉这些相关性。但在交通数据压缩的过程中,应避免不可逆压缩(压缩过程存在不可恢复的损失和误差)的出现。

重新组织 数据压缩

图 1-9 数据压缩

随着智能交通技术的发展,交通信息采集设备的采集能力不断增强,不间断地采集到海量交通数据。庞大而复杂的数据既不利于前期的数据存储与传输,也不利于后期的数据分析,因此,需要设计高效的交通数据压缩方法,用于海量数据压缩,以节省存储空间,提高传输效率和质量,服务于实时及后期的数据处理与分析。

1.2.2 数据挖掘技术

除了数据压缩外,您是否还听说过"数据挖掘"一词? 与数据压缩一样,它也是交通信息处理的重要组成部分。

所谓数据挖掘,是指从数据库的大量数据中揭示出隐含的、先前未知并有潜在价值的信息的过程。数据挖掘可以高度自动化地分析数据,做出归纳性的推理,从而挖掘出潜在的规律,帮助决策者及时调整策略、减少风险、做出正确的决策。

数据挖掘包括数据准备、规律寻找和规律表示 3 个步骤,规律寻找一般使用的方法有:关联分析、聚类分析、分类分析、异常分析和演变分析等(如图 1-10)。

图 1-10 数据挖掘处理步骤

这里,我们只具体介绍关联分析。关联分析就是利用关联规则进行的数据挖掘。那么,关联规则又是什么呢? 关联规则其实就是寻找在同一个事情中出现不同项的相关性,例如:"在一年内有 2 次以上闯红灯记录的交通违法者中,有 10%的人会超过被记 12 分的

交通违法临界。"从大量的交通记录信息中发现潜在的关联关系,可以为交通管理部门提供决策支持。

小知识

数据挖掘在交通管理的应用

交通管理部门对某地区的交通违法数据进行统计,很容易地发现以下规律:城郊路口闯红灯违法较多,而市中心主要路口闯红灯事件并不多;夜间闯红灯的比白天多,凌晨时段尤为突出。但是从管理的角度来看,这样的规律并没有多大的实际意义,因为城郊闯红灯突出,理应加强警力,但事实上城郊警力缺乏,根本无法保证路口交通警力的管理;同样地,凌晨时段闯红灯现象严重,但根据管理的需要,交通警力主要安排在白天,无法保证夜间警力的需求。通过简单的数据统计,找出表面原因并不是解决问题的办法。因此,如何通过数据挖掘,尝试找出数据间潜在的关联规则,帮助交通管理部门做出正确的决策,才是数据挖掘的作用。

通过数据关联分析,发现该地区从事交通运输行业的人员中,高中文化水平者居多,并且该文化层次的驾驶人自觉遵守交通规则的意识不强。由此,便可以对交通管理工作提出实际指导建议:例如对不同文化水平的驾驶人要区别对待,可以提高管理效率;对高中文化水平段的驾驶人加强培训,适当增加他们的考核难度,并要定期开展安全教育,提高其遵守交通法律法规的自觉性。

1.2.3　交通信息融合处理技术

前面讨论了通过交通数据压缩与数据挖掘技术可以获取多种形式的交通信息,这些交通信息是多种类、多角度、多层次的。如何通过这些信息得到有效的信息来辅助交通管理人员呢？这个时候就需要交通信息融合处理技术发挥作用了。

对于"信息融合"一词,或许我们并不陌生。在现实生活中,"信息融合"这一基本功能自然而然地得到了体现。我们通过眼、耳、鼻等器官,去感受外界的各种信息(形状、颜色、声音和气味等),然后融合起来,综合地理解周围环境及正在发生的事情,再做出相应的反应。

图 1-11　信息融合技术在车辆定位中的工作流程

信息融合就是多种信息综合处理技术,将来自不同信息源的信息加以分析、处理与综合。交通信息融合处理技术也是交通信息加工与处理的一种方法。比如,通过各种渠道收集到车流量、车速、车间距、道路占有率、车辆违法信息、道路气象状况等基础的交通参数,都是未经过处理的,运用交通信息融合处理技术对这些基础数据进行处理,就可以估计目前或预测将来的交通状态(如图 1-11)。

目前,信息融合技术已经广泛应用在道路交通状态的估计和交通参数的预测中,此外,它在智能交通安全中也发挥了重要的作用。车辆的定位是智能交通安全系统的一个关键的技术。前面我们说到移动定位技术,它是属于车辆的绝对定位,不会产生累计误差,不过却需要 GPS 提供相应的地标地图等基础设施。另外还有一种相对定位技术——航位推算,也就是通过累计车辆行驶方向的行驶距离来估测车辆的位置,它会由于车轮打滑和旋转漂移产生累计误差。将这两种方法进行融合,取长补短,可以形成一个优化的信息复合定位系统。

⭐ 延伸阅读

信息融合技术起源及常用交通参数融合技术

"信息融合"一词起源于 20 世纪 70 年代末期,并于 20 世纪 80 年代发展成为一门专门的技术。信息融合最早应用于军事,其优越性在军事领域上得到充分的体现,并渗透到其他各个应用领域,包括智能交通。

目前,常用的交通参数融合技术包括统计分析方法、模糊逻辑、卡尔曼滤波、人工神经网络等。由于交通参数的复杂性和随机性,单独使用某种方法进行融合可能达不到要求,往往需要将多种方法混合使用。

🛞 小故事

我国的无人驾驶车

2011 年 7 月 14 日,由我国自主研制的红旗 HQ3 无人车(如图 1 - 12),首次完成了从长沙到武汉 286 千米的高速全程无人驾驶实验,创造了我国自主研制的无人车在复杂交通状况下自主驾驶的新纪录,标志着我国无人车在复杂环境识别、智能行为决策和控制等方面实现了技术突破,达到世界先进水平。红旗 HQ3 无人车由国防科技大学自主研制,7 月中旬它从京珠高速公路长沙杨梓冲收费站出发,历时 3 小时 22 分钟到达武汉,总路程 286 千米。

图 1 - 12　红旗 HQ3 无人车

1.2.4　交通图像处理与模式识别

说到交通信息处理技术,不得不提的就是交通图像处理与模式识别。早期的图像处理只是为了改善图像的质量,后来发展为通过计算机用数学方法进行图像的自动处理与判读,也称为模式识别。它在多个领域都得到广泛的应用,例如,在智能交通领域,可以应用于车辆导航、交通监控和交通管理等3大方面,如我国的红旗 HQ3 无人车就属于交通图像处理与模式识别在车辆导航方面的应用。

无人驾驶汽车需要传感器和测距仪来识别与其他车辆的距离,还要通过摄像机"看到"其他车辆、障碍物、道路宽度和道路交通标志。这一切都需要对采集的图像进行处理,再使用模式识别辨认出来。例如,对于高速公路等道路标线分明的道路,车道线通常为连续的白线或者白色的短画线,所以,对道路的检测就可以简化为对这些白线的检测。这样经过一定的检测和匹配过程之后,就可以得到车辆和道路的相对位置。障碍物检测也是将图像进行灰度处理,当检测到路面上有明显的非正常纹理边界时,系统会定义为障碍物,而周围的车辆相当于一种特殊的障碍物。可以通过检测与前车相隔距离和前车的速度来判断是保持跟随状态还是超越该车。值得一提的是,模式识别技术还能对驾驶人进行疲劳检测。我们都知道,驾驶人疲劳的时候会出现困乏、精神难以集中的状态,疲劳检测就是时刻监视驾驶人的一言一行。通过检查驾驶人眼睑运动的频率,或者车辆驶离道路中心线的距离来判断驾驶人是否处于疲劳驾驶状态。这种检测应用于交通监控,包括车辆检测、车辆跟踪、事故检测、闯红灯检测、交通流参数检测等领域;还可以应用于交通管理,主要是指智能收费,包括车辆号牌识别和车型识别等领域。

🗂 小档案

车辆号牌识别系统

交通图像处理与模式识别的一个典型应用就是车辆号牌识别系统。车辆号牌识别技术是电子警察必不可少的技术。当车辆行驶在道路上,它的行动早已在电子警察监控范围内。当超速、闯红灯,甚至是驾驶人没系安全带时,车辆违法的记录会被高清照相机记录下来并传给计算机,计算机经过车辆号牌识别就可以找到车主。

车辆号牌识别系统是现代智能交通系统中的重要组成部分之一,它能够检测到受监控路面的车辆并自动提取车辆号牌信息(含汉字字符、英文字母、阿拉伯数字及号牌颜色)进行处理,完成号牌的识别(如图1-13)。它以数字图像处理、模式识别和计算机视觉等技术为基础,通过对摄像机所拍摄的车辆图像进行分析,经过号牌定位、字符分割、字符识别3个步骤,得到每一辆汽车唯一的号牌号码,从而完成识别过程。

车辆号牌识别系统的应用十分广泛,通过一些后续处理手段可以实现停车场收费管理、交通流量控制指标测量、车辆定位、汽车防盗、高速公路超速自动化监管、闯红灯自动拍摄、公路收费管理等功能。对于维护交通安全和城市治安,防止交通堵塞,实现交通自动化管理有着重要的现实意义。

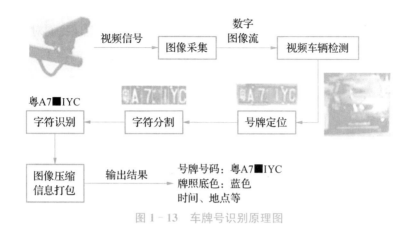

图 1-13　车牌号识别原理图

1.3　交通信息的发布

不知道大家是否经历过严重的交通拥堵,又或者是寻寻觅觅却找不到停车位,那种焦灼又无助的心情是难以名状的。如今,有了出行小助手——交通信息发布,我们就可以对特定区域的道路交通信息了如指掌,让出行变得轻松而愉快。

 小故事

美好一天的开始

随着闹钟清脆铃声的响起,东东像往常一样起床洗漱,准备去上班。

东东是公交上班族中的一员,出门之前,东东总是要用"智能出行"查询一下自己要坐的公交线路到哪一站了,估计一下公交车到站的时间再出门。

跟平时不一样,今天早上东东先要到 B 公司取一份文件再回自己公司上班。从家里到 B 公司没有直达的公交车,东东查询了一下,有两条路线只需要换乘一次就可到达 B 公司,"智能出行"推荐了步行距离最短的出行路线。眼看要坐的公交车马上就要到达楼下的公交车站了,东东马上出门,搭上了公交车。到了换乘站,东东又查询了需要换乘公交的到站时间,"智能出行"显示还有 3 站。想着还有时间,东东又用"智能出行"查询了天气预报和股市行情……

顺利到达 B 公司取了文件,东东又坐上了回自己公司的公交车,时间比预期的早,东东还查询了交通状况,"智能出行"显示,前方道路通畅无阻。东东心情特别好,看来今天可以很快到达办公室,还有时间泡一杯美味的咖啡再开始工作,美好的一天就这样开始了!

1.3.1　个性化交通信息需求

在大城市里,每个人都有自己的出行方式和出行目的地,像东东,主要以公交为出行

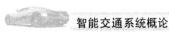

方式,他非常关心公交的到站时间,而你,或许是一名总想避开早晚高峰的自驾车白领,又或许是一名过马路需要十分注意安全的步行上学的中学生。显然,我们对交通信息的需求具有明显的个性化。

小知识

交通信息知多少

根据交通信息性质的不同,交通信息主要可以分为以下两类:

第一类为动态交通信息,主要包括道路拥堵信息、出行时间、突发事故、交通临时管制、实时的行驶(延误)信息、交通工具位置及行驶路线、不同交通方式的到离站时间、交通控制信号、交通诱导信息等;

第二类为静态交通信息,主要包括城市导向图、公交车路网图、公交车换乘信息、出行距离、交通站点分布、路段信息、停车场收费价格及站点分布、售票站等。

交通信息多如牛毛。到底什么交通信息才是有用的?那就要视我们交通出行中扮演着什么角色、采取什么出行方式、有何出行目的以及处于出行的哪一阶段而定,根据具体的情况,完全可以定制出个性化的交通信息需求。

比如,从出行方式的角度上来分析,对于不同类型的驾驶人来说,在交通信息需求方面会有很大的不同。例如,私家车驾驶人与商用车驾驶人相比,私家车驾驶人对气象信息、道路交通状况、行驶时间、行驶的安全性和舒适程度以及是否有停车位更为关心,尤其在节假日,担心路上会出现"车满为患"的现象。而对于商用车驾驶人来说,他们更关心气象信息、交通管制信息、备选路线、检查站和货运站的位置,以及与调度员之间的实时联系,他们更加重视行程时间,能否准时或提前到达。此外,他们希望得到更多的路旁服务信息,以缓解工作压力。而对于公交出行者来说,通常希望能够获取实时的公交出行信息,以尽量减少候车时间、换乘次数和步行距离,在出行过程中能够及时对其出行线路、方式做出适当的调整,保证出行时间最短。其次,公交出行者也关心车辆的拥挤程度。对于以步行为主要出行方式的出行者来说,通常比较注重步行环境是否安全,甚至出行路线周边的景观是否赏心悦目。

1.3.2 个性化交通信息服务

由于有了个性化交通信息需求,个性化交通信息服务就顺应时代而产生了。个性化交通信息服务是一种能满足用户个性化信息需求的信息服务方式,即根据用户明确提出的要求而提供交通信息服务,或通过对用户个性及其使用习惯的分析后,主动向用户提供其可能需要的交通信息的服务。它便于出行者确定合理的出行方式和出行路径,也是培养和表达用户自我个性,引导用户需求的一种方法。

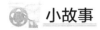 **小故事**

轻松出行不是梦

小陈是一名南京的购物爱好者,每周必去逛街购物。又到了周末,小陈打算去新街口转一转。拎起包锁上门,小陈坐上了自己的爱车,打开导航系统并输入了目的地,这时候导航系统发出了熟悉的声音:"小陈请注意,前往新街口的中山南路平均车速仅为5千米/小时,已经发生较为严重的拥堵,预计拥堵时间将持续两个小时。此外,预测新街口的停车场将在10分钟后停满,建议您乘坐公交或地铁前往新街口,以便节省出行时间。"于是小陈便下了车,向地铁站走去。

原来小陈的导航系统内置了交通信息融合处理系统,导航系统计算出最优路线后,交通信息融合系统便会根据这条路线上的基础交通参数计算目前的交通状态,并可以预测出行时间内道路的交通状态,让出行者可以合理地选择出行方式。这样,轻松出行不再是梦。

1.3.3 交通信息发布方式

怎样才能让人们及时地掌握交通信息,更好地制定出行计划呢?随着智能交通技术的不断发展,交通信息的发布方式也越来越多,越来越人性化。传统的交通信息发布方式可能导致信息的滞后,已经远远不能满足出行的需求了,新时代的交通信息发布方式应运而生。下面细说当今的交通信息发布方式。

(1)交通广播电台。交通广播电台是传统的交通信息发布方式,公共交通信息服务部门把实时路况信息、拥堵路段信息、突发性交通事故信息、交通管制信息、建议绕行信息以及其他服务信息提供给听众,使出行者尽早确定行驶路线。

交通广播发布的交通信息内容包括:路段流量信息(路段交通流量、高峰时间)、拥堵信息(拥堵路段、车龙排队长度、建议绕行路线)、交通事故信息(事故发生地点及时间、影响路段、处理情况、建议绕行路线)、交通管制及施工信息(交通管制路段及时间、交通管制措施、路段施工信息)等。

交通广播有明确的发布对象和目标听众,主要以出行者和准出行者为服务对象,提供出行前、出行中的动态或静态服务信息,具有信息快捷、实用、获取容易等优点。但也存在一些缺点,比如不易保存,瞬间即逝;选择性差,按时间接受,不能提前或推后;更无法提供个性化查询特定或局部路段的路况信息,信息有一定局限。

(2)热线电话。在南京当了21年的士司机的王师傅,以前开车时习惯听交通广播电台了解路况,但有时候很难听到自己要经过路段的情况,所以查询前方路段情况都是拨打12580或者发信息咨询,不仅乘客满意,也节省了时间。

(3)互联网。今天,互联网已经成为交通信息发布的常用方式,通过互联网,我们可以易如反掌地了解各地交通情况。举一个简单的例子,我们可以在百度地图上查询实时路况,不仅如此,百度地图还可以根据历史的路况数据对未来进行预测,并且能具体到对

每个小时路况的估计。

这种交通信息的发布方式是通过 WebGIS 实现的,WebGIS 可以定义为:在因特网上能够让全球用户使用全球范围内地理信息数据的地理信息系统。通过功能设计,可以在网页上显示地图,实现基本的检索,以及为乘客提供乘车指南。

(4)移动通信终端。随着手机用户的不断增多以及掌上电脑 PDA(personal digital assistant,PDA)的逐渐普及,以移动通信终端作为交通信息发布方式的发展前景十分乐观。

通过移动通信终端获取交通信息的方式主要有两种:一是通过无线上网方式登录WEB 门户网站获取交通服务信息,主要包括:实时路况、路况地图、交通管制信息、公路出行信息、高速公路路况、公交车换乘查询、轨道交通图、票价信息等;二是借助于移动通信终端内嵌的导航系统,实现行驶中实时路径的导航。

此外,移动通信终端还为出行者提供了可自由定制的个性化交通信息服务,通过手机短信、彩信、WAP 等形式将交通信息发送到出行者的移动通信终端上,十分方便灵活。

(5)车载导航系统。车载导航系统由全球定位系统(GPS)、地理信息系统(GIS)和无线通信系统组成,具有监控调度、报警、远程遥控发动机熄火及断油、电子地图显示、自动存档、系统自检等功能,能够显示路网地图、车辆位置、实时交通状况、最佳行驶路径、交通事故等信息。在不久的将来,车载导航系统还可以显示目的地附近停车场的详细信息,包括停车场位置、总车位数以及当前车位数等。车载导航系统的路网地图存储了我国乃至世界各大城市道路的电子交通图、高精度的公路网以及其沿线村镇以上级别的地名,以方便出行者查询。

(6)路旁信息服务设备。路旁信息服务设备包括可变信息标志、可变限速板、电子站牌、指示牌、城市导向路标等路旁信息服务设备。目前路旁信息服务设备与车辆之间的通信采用专用短程通信 DSRC(dedicated short range communications,DSRC),是一种专用于交通领域的短程通信技术,它为车辆与路旁信息服务设备提供单向或双向的通信,让车辆与道路之间有机地结合起来,从而使得出行车辆能使用交通信息网中的各种资源,同时,也为交通信息中心提供行驶车辆的相关数据。

延伸阅读

可变信息标志

可变信息标志 VMS(Variable Message Sign,VMS)是一种实时动态信息发布方式,它配合先进的交通控制系统,可将交通管理部门提供的车速及路线限制、交通拥堵、交通事故、道路施工、天气情况等信息编辑处理后及时地传给道路交通的使用者(如图1-14)。

图 1-14 道路可变信息标志

1.4 交通仿真与信号控制

1.4.1 可检验限行方案的交通仿真

（1）广州亚运车辆限行政策。广州亚运会虽然已经成为过去式,但是亚运时期多姿多彩的生活相信大家还历历在目:精彩的开幕式和闭幕式表演、在赛场上为国争光的中国健儿的英姿、亚运志愿者亲切的微笑……我们是否还对亚运给广州生活带来的变化记忆犹新？例如,是否还记得在亚运期间,广州路上的车比以往少了一些,走起来更顺畅一些。如果大家关心时事或者是一名广州的机动车驾驶员,就肯定会知道那是广州亚运期间实行车辆限行政策的成果。

延伸阅读

车辆限行制度

车辆限行制度是为了缓解城市交通压力而催生的一种交通制度。2007 年的"好运北京"奥运测试赛期间,北京开始实施单双号限行。单号的日子,只有车辆号牌末位数字是奇数的私家车可以上路,双号的日子,只能车辆号牌末位数字是偶数的私家车可以上路。措施实施以后对城市交通拥堵起到了缓解作用。

2010 年,经过 7 月和 9 月分别进行的两次单双号限行演练,广州决定在亚运会(11 月 1～29 日)、亚残运会(12 月 5～21 日)期间,早上 7 点到晚上 8 点实行单双号限行制度,保证亚运期间广州市交通服务线路正常运行和路面交通顺畅。

除了单双号限行制度外,广州还启用了 15 条亚运专用车道,每天 06:00～22:00,专用车道将禁止一切社会车辆行驶;此外,每天 06:00～22:00,部分路段禁止一切货车通行。

对于广州亚运限行,有不少人曾提出质疑,究竟交通限行方案是否真的有效? 例如,被限车辆的车主为避免挤公交搭地铁上班,选择了提早开车出门,会不会导致在某个时间段单双号车流叠加在一起,使得上班早高峰的车流量猛增,路面更加拥堵? 设置了亚运专用道,会不会导致其他车道更加拥堵?

面对这些质疑,广州市政府采用了多次演练的方法,调整限行的路段和时间,希望达到最好的效果。但是,演练过程的时间很长,花费的人力和物力较大,并且没有预测性。因此,广州市政府应用交通仿真技术,针对广州亚运交通状况进行了预测分析。通过交通演练与交通仿真相结合的方法,为亚运时期可能遇到的交通问题做好了最充分的准备。

(2) 交通仿真技术。仿真,顾名思义,就是以计算机和各种模拟设备为工具,利用系统模型对真实或设想的情况进行动态模拟。例如,现在最强的中国象棋软件就是模仿最顶尖的象棋大师下棋,许多象棋高手也胜不了它;又例如,利用飞行仿真器可以模拟火箭升空和着陆的情况,在地面上就可以实现航天员失重状态下的体能训练……

交通仿真就是运用现代计算机技术,建立一个能够代替现实的交通系统的计算机模型的过程。这个交通模型能再现实际交通系统的特性,分析交通系统在各种设定条件下的可能行为,通过模型仿真试验的结果,检验各类设计方案的效果。同时,它还可以为各种交通产品的设计开发和性能优化提供直接的技术支持,为说服交通管理决策层采纳新的交通理念提供帮助。

延伸阅读

交通仿真及建模

我们以广州亚运限行为例。假设 A 路段在亚运期间实行货车限行,A 路段 06:00～22:00 禁止一切货车行驶,那么这种限行方案是否既有利于亚运车辆的畅通运行,也能保证整个路网的运作正常?

显然,当 A 路段禁止货车行驶时,原来要在 A 路段行驶的车辆必定要选择其他路。于是,我们可以围绕 A 路段划定一个区域(将受到车辆限行影响的区域),然后我们对这个区域的交通状况进行仿真。再假设 06:00～07:00,A 路段原本会有 100 辆货车经过;限行后这 100 辆车就会按照一定的比例(需要经过调查和数据处理来确定)添加到其他路段(B 路、C 路、D 路……)上,添加这 100 辆车到其他路段之后,便得到这个区域路网在限行期间的交通状况了。如此类推地得出其他时间段的路网交通状况后,我们就可以得出关于 A 路段限行后的一个简单的交通模型。最后就可以根据这个模型来分析这个交通限行方案是否有效——判定添加到其他路段的货车是否对这些路段的通行能力造成很大的影响,再综合分析限行对整个路网的影响,权衡轻重之后我们就可以做出限行方案的最后评价了。

当然,一个交通仿真模型的建立并不是像上述例子讲得这么简单。一个路网仿真模型的建立要考虑很多因素,例如交叉路段之间车流的影响,工作日与周末的区别,不同类别车辆的行驶行为等等。另外,仿真模型建立之后还要通过实验验证,判定这个模型是否与现实交通情况相一致,才能被用于分析交通问题。

交通仿真的应用非常广泛,路网的仿真属于宏观交通仿真,不对单个的车辆行为进行研究。而中、微观的交通仿真研究的对象就比较小了,从一列车队,到具体每个车辆、每个驾驶人,甚至是每个行人。

交通仿真技术的历史可以追溯到 20 世纪 50 年代,但在最近 20 年才得到广泛应用,在这 20 年里,许多交通仿真软件被开发出来,如 Transyt、Vissim、Paramics、Aimsun 等等,这些仿真软件为车辆出行状态、出行需求模型分析、交通控制方案、公交系统管理、车辆行驶路线追踪、事故仿真等交通问题的研究提供了良好的平台。

(3) 交通仿真优点多。首先,交通仿真可以避免调研和试验所花费的过多的人力物力,也可以避免实地交通调查中可能出现的意外伤害。其次,一旦一个仿真模型建立了,就可以任意重复仿真过程,而且可以通过程序控制某些参数的变化。第三,与实际交通调查相比,交通仿真可以快速获得结果,缩短了数据获取周期,还可避免由于人为因素,如发生交通中断等干扰而造成的数据丢失或失真。最后,由于利用计算机模拟是对一种设想进行验证,它可以使某些参数(如车速、交通流量等)超出实际调查所能得到的范围,利用交通仿真进行模拟预测,还可以再现复杂交通环境条件下的车流运行特性,弥补观测数据的不足。

1.4.2　控制红绿灯工作的城市交通信号控制

(1) 你我都熟知的红绿灯。"交叉路口红绿灯,指挥交通显神通;绿灯亮了放心走,红灯亮了别抢行;黄灯亮了要注意,人人遵守红绿灯。"

这首儿歌教育小朋友过马路时一定要遵守交通规则——看红绿灯过马路。这一节介绍的交通信号控制其实就是这个我们每天都见到的红绿灯。

我们在交叉路口设置红绿灯,作用是显而易见的,就是在时间上隔离不同方向的车流和人流,控制交通运行秩序,以获得最大的交通安全,使在交叉道路网络上的人和车的通行效率达到最高。

(2) 红绿灯的"点、线、面"控制。按管理范围可以将交通信号控制分为单点交叉路口交通信号控制、干道交通信号协调控制和区域交通信号系统控制 3 种,也就是所谓的"点、线、面"控制。

首先,我们重点来讲讲红绿灯的"点"控制。单点交叉路口交通信号控制就是以单个交叉路口为控制对象,它是交通信号灯控制的最基本形式。它的控制原理很简单,就是按事先设计好的控制程序,在每个方向上通过红、绿、黄三色灯循环显示,指挥交通流,在时间上实施隔离。道路交通安全法规定:红灯——停止通行,绿灯——放行,黄灯——清尾

（即允许已过停车线的车辆继续通行，通过交叉路口）。

我们把每一种控制（即对各进口道不同方向所显示的不同色灯的组合）称为一个信号相位（如图1-15）。一般情况下，信号控制灯多采用两个相位[如图1-15(a)]，即两相制，如东西向放行，显绿灯，则南北向禁行，显红灯，这是第一相位。第二相位时，南北向放行，显绿灯，东西向禁行，显红灯。当左转交通量比较大时，可设置左转专用相位，此时，信号控制灯采用三相制[如图1-15(b)]。特殊情况下，例如多路交叉的情况下，还会有四相、五相……

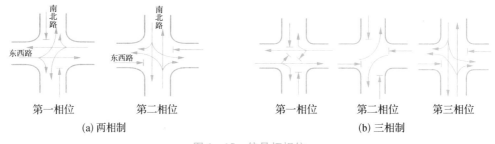

图1-15　信号灯相位

延伸阅读

信号灯时间设置的计算

红绿灯的设置，其中最重要的一点就是确定红灯和绿灯的时间，红绿灯时间的设定并不是任意的，但原理也十分简单，下面就以两相制为例，介绍红绿灯时间是怎么设置的（如图1-16）。

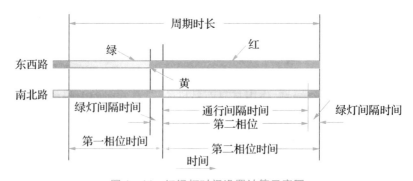

图1-16　红绿灯时间设置计算示意图

第一，要确定一组色灯变换所需的总时间，即周期长度，它等于红灯时间＋绿灯时间＋黄灯时间。周期长度根据交叉总交通量确定，一般来说，交通量越大，周期长度就越长。

第二，根据两相交道路的交通量比值来计算红灯和绿灯的时间。计算比值时，应取道路上较大的那股车流方向为计算依据,如在十字交叉路口,南北向交通量为 400 辆/小时,北南向交通量为 350 辆/小时;东西向交通量为 370 辆/小时,西东向交通量为 450 辆/小时。那么我们就应取南北向交通量与西东向交通量的比值为 400∶450。假设我们在第一步算出了周期长度为 55 秒,并且确定了黄灯时间为 3 秒,就可以算出信号灯时间:总绿灯时间=周期长度-2×黄灯时间=55-6=49 秒,则南北相位的绿灯时间为 49 秒×(400/850)=23 秒,东西相位的绿灯时间为 49 秒×(450/850)=26 秒。

红绿灯时间的设置计算,大家明白了吗?

下面再简单介绍红绿灯的"线"控制和"面"控制。

干道交通信号协调控制系统也简称"线控制",它是把一条主要干道上一批相邻的交通信号灯联动起来,进行协调控制,以便提高整个干道的通行能力。其中,"绿波交通"就是干道交通信号协调控制的最理想状态——车流沿某条主干道行进路程中,连续得到一个接一个的绿灯信号,畅通无阻地通过沿途所有交叉路口。实现"绿波"的关键是精确设置相邻交叉路口之间的相位差。

区域交通信号控制简称"面控制",它把整个区域中所有信号交叉路口作为协调控制的对象。控制区内各交通信号都受中心控制室的集中控制,使区域内各交叉路口的交通情况处于快速、有效的宏观调控之中。

上面介绍的红绿灯控制都是有固定周期的,而感应式信号控制是没有固定的周期长度的。

(1) 工作原理。在感应式信号控制的进口,均设有车辆到达检测器,某一相位起始绿灯,感应信号控制器内设有一个"初始绿灯时间",到初始绿灯时间结束时,如果在一个预先设置的时间间隔内没有后续车辆到达,则变换相位;如果有车辆到达,则绿灯延长一个预设的"单位绿灯延长时间",只要不断有车到达,绿灯时间可继续延长,直到预设的"最长绿灯时间"时变换相位。

(2) 基本控制参数。初始绿灯时间:给每个相位预先设置的最短绿灯时间,在此时间内,不管是否有来车,本相位必须亮绿灯。初始绿灯时间的长短,取决于检测器的位置及检测器到停车线可停放的车辆数。单位绿灯延长时间:它是初始绿灯时间结束后,在一定时间间隔内测得后续车辆时所延长的绿灯时间。最长绿灯时间:它是为了保持交叉路口信号灯具有较佳的绿信比而设置,一般为 30~60 秒,当某相位的初始绿灯时间加上后来增加的多个单位绿灯延长时间达到最长绿灯时间时,信号机会强行改变相位,让另一方向的车辆通行。

1.5　不停车收费通道——电子收费系统

电子不停车收费系统 ETC(electronic toll collection,ETC),是智能交通的重要研究课题与服务功能之一,是目前国际上最先进的收费系统,主要由 ETC 收费车道、收费站 ETC 管理中心、专业银行及传输网络等组成。驾驶人无须停车、收费站无须人为操作、过闸时无须现金交易,系统就能自动完成收费全过程。

1.5.1　电子收费的应用场合

近年来,随着我国经济的飞速发展,国民人均可支配收入不断提高,刺激了百姓的购车欲望,导致车辆的保有量大幅增多。每逢节假日,在高速公路和停车场的收费闸口,车辆排队交费的情况尤为严重。可以说,电子不停车收费的应用势在必行,它使高速公路和停车场的管理更有效率和更为规范。

20世纪80年代,西方发达国家的不停车收费技术获得重大突破。1988年,美国Lincon隧道首次开通不停车收费系统。20世纪90年代初,ETC第一次被引入中国,历经20多年发展,虽然在技术、应用与产业方面屡遭波折和反复,但我国坚持自主创新,不断寻求出路与突破。

(1)高速公路ETC的应用。高速公路是ETC应用的主要场合。2022年底,我国高速公路通车里程已达17.7万千米,已排名世界第一。目前,我国高速公路采用的收费方式主要分3种:人工收费、半自动收费和不停车收费。其中,早期的人工收费已停止使用,半自动收费则是现阶段最主要的收费方式(如图1-17)。

图1-17　高速公路收费闸口

事实上,半自动收费只是使用一些机电设备代替部分人工操作,比如将人工审计核算转变为计算机数据管理,这已极大地减轻了收费管理者的劳动强度,那么当ETC得到广泛应用,高速公路收费管理又将是怎样一番景象呢? 有业内人士预测,不停车收费将"彻底改变目前半自动收费的窘迫现状,为高速公路收费管理开创一个崭新的局面"。其效果真如所预测那般吗? 下面我们一起来看看高速公路使用ETC的好处:

车道通过量大幅度提高。据估计,与停车收费相比,通行能力可以提高3～5倍,应付现有的节假日高峰车流绰绰有余。

管理效益明显提升。精简收费人员,实行计算机管理降低管理成本,同时,收费过程完全避免了舞弊和贪污现象。

节能环保。因无须停车,车辆加减速次数也变少,油耗随之降低,并且可以减少收费站附近的噪声污染和尾气排放,起到保护环境的作用。

营运安全系数提高。以江苏省为例,已经实现了全省高速公路统一联网,实施整个区域内的联合稽查。比如:非法逃避通行费的嫌疑车辆进入高速公路后10分钟内,可查找出车辆历史行驶记录,并根据行驶记录提醒出口收费站做好拦截准备。

（2）停车场 ETC 的应用。当 ETC 在高速公路、桥梁以及隧道获得了广泛应用,它开始向着城市智能交通的更深层次发展,逐渐走进我们日常生活(如图 1 - 18)。大家可曾留意过身边的停车场? 是否察觉到停车场的收费系统正悄然更新换代呢?

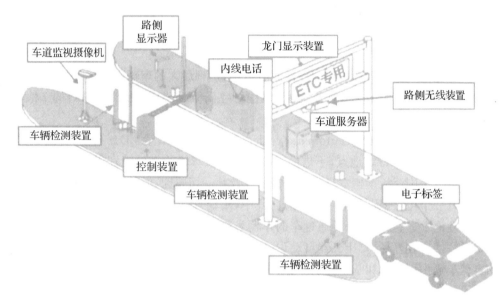

图 1 - 18 ETC 收费原理示意图

目前国外的停车场已基本进入智能化和无人收费阶段,而我国大部分停车场仍停留在人工收费阶段。以前在南京市的繁华路段,经常可以见到由于停车场入口的拥堵造成整条街道的拥堵。可喜的是,南京街头或居民区的停车场越来越多选择了 ETC 收费。

既然 ETC 优势如此明显,那么,大家对 ETC 车道工作原理又了解多少呢? 结合图 1 - 18 我们可以看到,当系统监测到车辆进入 ETC 车道,安装在支架上的路侧无线装置与车载单元自动交换信息,ETC 车道计算机根据车载单元中存储的信息识别出车辆信息,再根据车辆的行驶情况,从车主的银行账号或储值中扣除通行费。交易成功后,车道栏杆自动抬起放行车辆;车辆通过后栏杆再自动降下。整个过程无须人工干预,车辆可快速通过 ETC 收费车道。

⭐ 延伸阅读

ETC 的"领跑者"

2003 年年初,江苏省交通厅就着手开展 ETC 研究。

2004 年正式确立"两步走"(先电子非现金支付、后 ETC)模式。

2005 年 6 月 1 日开通电子非现金支付。

2008 年年初,江苏电子不停车收费示范工程正式实施。同年 5 月,南京机场高速公路电子不停车收费系统的建成和投入使用,开启了开放式收费站电子不停车缴费的先河。

当年 12 月 31 日,江苏省高速公路联网电子不停车收费系统开通运行,至此江苏与上海在全国率先实现跨省市联网运行。

截至 2018 年 7 月,江苏的 ETC 用户数量为 655 万,已开通的 ETC 车道有 1092 条,占全国 ETC 用户数和车道数的 10% 左右。

1.5.2 电子收费相关技术

如何才能使 ETC 高效、可靠地完成收费过程,达到最大的车辆通过率,并且让顾客舒心地接受服务呢? 其中的关键技术大家知道多少? 下面我们主要介绍 ETC 的 3 大相关技术。

(1) 自动车辆识别技术(automatic vehicle identification,AVI)。自动车辆识别技术是指当车辆通过某一特定地点,不借助人工就能将该车辆的身份识别出来,它是 ETC 的基础。车辆身份则泛指车辆本身的代表符号以及其一切属性,但无论代表符号有多少,车辆至少拥有一个可供识别且唯一的标志。其中,车辆号牌是大家自然而然想到的车辆标志之一。理论上,只要读取每辆通过车的车辆号牌便足以达到车辆识别的目的。但这对人眼来说往往比较容易,要让机器自动识别有时却难以实现。目前常见的有基于视频图像的自动车辆识别技术和基于电子标签的自动车辆识别技术。

现代的自动车辆识别产品种类极多,皆具特色,但基本的系统构架却大同小异,由 3 个主要组件构成:

车载单元(On—Broad Unit),是车辆"身份证",如电子标签,它附属在车辆上,可以是固定的,也可是活动的。作为识别车辆用的标志,其本身拥有可供识别的唯一信号。

路侧阅读单元(Road—Side Reader Unit),用以接收或识别车载单元发出或反射的信号,并把信号解释成有意义、可供阅读的文字或数字资料,以供进一步分析计算使用。当 ETC 用户驾车经过 ETC 车道时,电子标签被路侧标签读写器的天线辐射出的信号激活,进入工作状态后根据接收到的命令向天线回送相应数据。

数据处理单元,将解读单元解译出来的车辆资料同计算机数据库里的资料比对,验证身份并进行数据处理工作,包括通行费的计算,以及交易时间、地点和流水号等资料的登录等。

(2) 自动车型分类技术(automatic vehicle classification,AVC)。自动车型分类技术是指利用硬件、处理程序确定车辆类型,由各种车道传感器测量车辆物理特征,再输出信息至处理器汇集,根据处理后的信息对车辆进行分类,并将确定的结果与相关系统记录比对,以确保按车型实施正确收费。

常见的车型类别获取途径有两种:一种是通过读取车载标识卡中存储的车辆号牌和车型类别代码获得车型信息。但由于卡内储存的车辆信息不能修改,一旦有用户将标识卡从原有车辆上拆卸下来,重新安装到其他类型的车辆上,那么光靠通信获取卡内信息已难辨其真伪。另一种是通过安装多种检测设备,如红外线探测器、光纤传感器等,检测车辆轴数、轮数或外部几何尺寸等特征参数,然后综合专用软件进行辨别。但这种检测方法设备投资偏高,维护管理费用也较多。

因此,目前采用的车型分类方法是双管齐下。不过,主次有别,以从电子标签中获取的车型信息为主,检测所得的结果作为验证,从而大大降低差错的可能。

（3）逃费抓拍系统（video enforcement system，VES）。2012 年国庆黄金周期间,为提高通行速度,高速公路对 7 座及以下小型客车采取不发卡措施,直接抬杠放行,但在措施执行首日便出现少数非免费车辆混杂在免费车辆中直接冲卡逃费的现象。对于这般恶劣的行径,各省高速公路管理部门根据视频监控资料和车牌抓拍照片,将逃费车辆列入黑名单,以便秋后算账,此举显示出强大的威慑力。

如何才能有效遏制逃费车辆及冲卡行为的发生呢？轮到 VES 大显身手了。在 ETC 系统中,VES 利用高清摄像头抓拍没有装备有效电子标签但使用了 ETC 车道的通过车辆号牌图像,与此同时由栏杆、收费员组成双保险,扼制冲卡逃费行为。如果有个别冲卡行为发生,VES 将提供有力的现场证据,肇事者将难逃严厉的处罚。

扫码可见
本章微课

智能交通应用技术

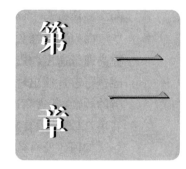

第二章

 小故事

知九地之变，然后可以择地利而行之

在 2010 年初热播的史诗式电视连续剧《人间正道是沧桑》中有这样的场景：北伐战争时期，一位来自江浙地区的小伙子杨立青来到广州投考黄埔军校，考试时他操着标准的正步，从考场门口一直走到考官的面前，当考官问他为什么数学只考了三十多分，却能解出正反比例这样具有一定难度的数学题，是不是作弊时，杨立青说，他曾在一个老制图师手下当学徒，跟老人学习画地图，画地图要用上正反比例，那是他的饭碗，所以他才对正反比例那么熟悉。杨立青还说，他能在十分钟内画出一张湖南省地图来。说完，他就在考官们背后的大黑板上画起来，而且边画边解说湖南的山川地貌和人文特点，把考官们都镇住了，立即同意批准杨立青进入黄埔军校学习。还有教官说，上一次白崇禧将军到黄埔军校讲课，一张湖南地图就画了半小时，把学员们都闷坏了，下次再有军事长官到军校讲课，就让杨立青替他们画地图。

为什么军校考官们那么重视考生的绘制地图能力呢？那是因为军队行军、打仗、攻防、驻扎，都要考察地形地势的利弊，所有这些都需要依靠地图，正如《孙子兵法》所说的："夫地形者，兵之助也"，"知九地之变，然后可以择地利而行之"。

只有选择最顺畅的行车路线，才不会迟到误事；我们休假时驾车出游，在陌生的地方要找到游玩的景点，也必须依靠地图才能找得到。如今有了卫星导航定位仪等智能交通服务系统作为"活地图"，无论在工作日通勤或者假日出游，都可以"畅通无阻"！

2.1 出行信息服务系统

当我们驾车出行的时候，最想知道的就是将经过的道路是否顺畅，有没有发生交通事故而造成了拥堵，是否还有更近通车的路可以更快捷地到达目的地。这些实时的交通信息对汽车驾驶人来说是非常重要的。智能交通的出行信息服务系统就能为驾驶人提供这样便利的服务。

出行前信息系统可完成如下任务：一是给要出行的人提供交通信息，出行者可以通过办公室或家庭的计算机、电话、广播或电视等,获取当前道路交通的状况、公交实时报站等信息,以帮助他们选择最佳的出行方式、最适宜的出行时间和最合适的出行路线。二是给途中的驾驶人提供途中交通信息,一方面可以通过车载信息单元或路边动态信息显示板,向出行者提供要到达的目的地沿途的道路交通状况、前方交叉路口阻塞延误时间、目的地附近的停车场及其他服务设施情况和目的地天气情况等信息;另一方面可以通过路径诱导系统对车辆定位和导航,使汽车始终行驶在最佳路线上。

⭐ 延伸阅读

公众出行交通信息服务系统

公众出行交通信息服务系统是依托公路信息资源整合系统和客运站场管理信息系统的信息资源,通过互联网、呼叫中心、移动终端(手机、PAD 等)、交通广播、路侧广播、图文电视、车载终端、可变信息板、警示标志、车载滚动显示屏、分布在公共场所内的大屏幕、触摸屏等显示装置,为出行者提供较为完善的出行信息服务。

该系统可以为驾驶人提供沿途的路况、突发事件、沿途施工、气象和环境等信息,也可以为采用公共交通的出行者提供票务、营运、站务、转乘等信息,据此出行者可提前安排出行计划,变更出行路线,使出行更安全、更便捷、更可靠。

同时,该系统还能与铁路、民航、旅游和气象等相关的各类信息进行整合,与广播和电视结合,提供更全面、更多方式的服务,让公众切身感受交通信息服务的便利。

2.1.1　出行信息查询

有什么出行打算,先上网查查需要的交通信息,这是多么明智的行为!道路交通基础设施建设日新月异,除了正常的上学上班的路线外,你还了解其他的出行路线吗?比如,周末要去南京江宁烧烤或者去常州恐龙园与恐龙游戏;小长假想去连云港海边看日出或者去苏州漫步中国古典园林。如果你身在江苏,那么一天的出行打算可以从江苏省高速公众出行服务网开始(如图 2-1)。

我们打开服务系统的首页,在出行向导一栏输入出发地和目的地,系统会自动地显示出实时路况和地图、出行费用以及出行路线的说明。根据实时路况和地图,可以查看当前交通是否有突发事件或交通拥堵情况。此外,在出行前还可以了解如下信息,在道路施工一栏中,会滚动显示近期全省的道路施工路段、施工时间、封闭时间以及预计开通时间;在高速路通行费查询一栏,可以按出发地、目的地、车型分类来查询所需费用,给出行路线的选择提供更多依据。

如果出行前接触不到电脑,用手机也照样可以查询到需要的交通出行信息。在上车之前,我们可以通过手机查询交通信息中心,向它提供出发地和目的地的资料,就可以收到信息中心传来的服务信息,其中包括可以选择的道路和当前的道路交通状况等。这样在出发前,我们就已经知道了哪条路好走,哪条路正在堵车。这些信息可以帮助我们更改或调整出行时间。

交通事故　特情信息　施工养护　旅游景点　服务区　收费站　交通枢纽

图 2 - 1　江苏省高速公众出行服务网

2.1.2　交通工具查询

在站台上苦苦地等了半天,公交车就是不来;同一路车一来就是两三辆,前面的车挤满人,后面的车空空荡荡……每天坐公交车的上班族,可曾奢望过能预知下一辆公交车抵站的时刻? 有了这个信息,他们就可以静静地等候自己想要搭乘的那辆车了。其实这样的"奢望"已经在全国很多城市实现了。

延伸阅读

智能公交站牌

图 2 - 2　智能公交站牌

由上海科学院信息技术研究所实施的节能型公交电子站牌系统,在上海杨浦区新江湾城地区 1201 路公交线上示范运行,为市民提供了实时的出行服务。有了这种站牌,在站点等候的乘客一看指示灯,就能知道下一辆公交车的位置(如图 2 - 2)。

在 1201 路公交车站,站牌上有一条含 14 个站点的线路,上面的每一个站点都是指示灯;每两个站点之间,有一根箭头。下午 5 点,正是公交高峰时段,只见在整条线路上,有 3 个站点的指示灯上亮着红灯,这就说明在 3 个站点上有公交车靠站。此外,还有两个箭头亮着灯,说明有两辆公交车正行驶在某一路段上。整条线路上的所有公交车位置都一目了然。等车的市民想知道下一辆车大约什么时候到,看一眼站牌即可得知。

节能型公交电子站牌系统以低功耗嵌入式系统为智能控制核心,结合北斗/GPS 定位、地理信息系统(GIS)、智能传感器等技术,并采用了太阳能发电系统供能。有了太阳能电池板,智能站牌无须接入城市电网,即使在阴天也能连续运行 7 天。

与这种暂时还没有普及的智能公交电子站牌系统相比,通过手机软件查询下辆公交到站时间,也深受广大市民的欢迎。我们只需要下载一个免费的手机客户端应用软件,用手机登录公交网站,无线智能公交系统就能自动定位我们所在的位置,同时显示周边行经车次、停靠站点、车辆到站时间等各种信息。

 小知识

可解决公交候车难题的"南京公交在线"

公交车什么时候能到？我还要等多久？——不少公交乘客在候车时都会这样想,未知而长久的候车时间会让乘客变得心烦气躁。由南京市交通部门推出的"南京公交在线"软件成功地解决了公交乘客候车"不知等多久"的难题(如图 2-3 所示)。大家是否用过"南京公交在线"软件呢？有没有对它带来的方便赞不绝口？只要把这款软件安装在智能手机上,一切南京交通信息尽在指间。通过"南京公交在线",可以查询到各公交车路线车辆的到站情况,点击"实时公交"模块,在"线路查询"一栏输入所等待的公交线路,便可以看到此路公交车在各站的分布情况。若看到自己所要等的公交车还在较远的站点,乘客可以决定是否改乘其他交通工具,目前"南京公交在线"已经可以精准算出从一个站点到另一个站点所需的时间。

图 2-3　"南京公交在线"
软件截屏

2.1.3　实时通行信息查询

计划好的出行路线、预计好的到达时间总是会因为意外事故而变化；在高速公路上,往往是在我们驶入后才发现堵住了,此时想掉头已不可能,只能在那里焦急地等待着前面情况的解决……如果有人能在未进入拥堵路段时就告诉我们前面道路的信息该有多好啊！

细心的驾驶人会发现,近年在南京市区内常见拥堵点、各主要高速公路出入口附近渐渐地多了一些动态交通信息板(如图 2-4)。车主可通过动态交通信息板实时了解附近路况,避免进入拥堵区。动态交通信息板每隔 5 分钟就会发布一次路段平均行驶速度信息,而且会用不同的颜色表示不同的线路流通状态,车主可以根据信息板上的提示,选择是否需要改变路线。

图2—4 动态交通信息板

除了被动地通过动态交通信息板获取实时路况信息,我们还可以通过电话、网站和短信的方式来主动寻求所需的信息。现在,我们可以在江苏省高速公众出行服务网中订阅自己所需的道路信息,有助于避开拥堵路段,节省出行时间。比如用户可以通过短信方式定制服务信息,可预订指定路段指定时间范围内的实时路况、突发事件、公路施工等信息,系统就会通过短信实时发送订阅的道路信息。

2.1.4 停车信息查询

当我们兴高采烈地驾车到达购物中心,却发现兜兜转转很久都找不到停车位,各停车场门口都高悬着"车位已满"的牌子,这是一件多么扫兴的事!其实节假日时在购物中心、旅游景点等地附近兜转的车又岂止三五辆呢,无处安身的私家车霸占在本已"车满为患"的道路上,停车真难。

 小故事

无奈的停车

中心商业区停车位紧张小明早有耳闻,尽管他已有心理准备,但那天小明开车送母亲和妻子去逛商场还是让他着急冒火。

在停车场外排队的车龙几乎不动——里面出来一辆车才能进去一辆,小明让老婆跟老妈先进商场逛,他在车里慢慢排队等车位。等了半天等得心烦,小明灵光一闪,钻进旁边小巷看看有没有车位。小明在巷里转了一圈也没找到车位,只好回来重新排队。

终于等到小明进停车场了,他边抱怨边开进停车场找车位。由于没有找到车位,在里面转了一圈又绕回大门口。小明生气地问门口的保安:"刚开出去的那辆车刚停哪儿,我怎么没找到空出来的车位!"保安打趣地说:"你刚才怎么不问他呢?"

停车难是世界各国大城市里普遍存在的问题,由于停车设施的供给受到土地资源和资金等因素的制约,现阶段只能通过加强管理来解决该问题。当前停车难的问题在很大程度上是缺乏停车相关的信息和诱导设施,造成驾驶人不能尽快找到停车场,为了寻找停车位,不得不沿着道路四处兜圈子,增加了路网压力和能源消耗。为此,世界很多城市发展了停车诱导系统,它是自动终端情报服务在停车领域的典型应用。

延伸阅读

停车诱导系统

停车诱导系统包括大型停车场停车智能引导系统与城市停车诱导系统,它是以多级信息发布为载体,实时地提供停车场(库)的位置、车位数、停车位、停车路线指引的信息,引导驾驶人空满状态等信息,指引驾驶人停车的系统。该系统包括两方面内容:一是对驾驶人发布相关指定停车抵达的停车区域;二是停车场的电子化管理,实现停车位的预定、识别、自动计时收费等。

停车诱导系统是怎么实现诱导停车的呢?在停车场的各出入口,均有泊位信息采集设备,实时地检测进出车辆,采集停车场车位变化数据。它就像我们班里的考勤员一样,上课坐在门口,准确地登记着进出课室的同学。然后通过无线通信网络由停车诱导系统进行集中处理,生成对应各停车场的空余车位数据。对应停车场的空余车位数据再通过无线通信网络,传达到相应信息显示牌上显示空余车位,从而向驾驶人提供各停车场的有效空位信息。

停车诱导系统一般包括3个主要部分:停车场数据收集系统、数据判断处理系统与停车场数据综合发布系统。其中停车场数据综合发布系统分一、二、三级诱导数据,分别显示在一至三级动态显示屏上(如图2-5)。其中,一级诱导显示屏是指设置在市区主要交通干线上,用于发布多个停车场(库)的名称、位置、实际车位状态信息的显示装置;二级诱

图2-5 停车诱导系统一、二、三级诱导

导显示屏是指设置在停车场(库)周边区域的街道两旁,用于发布停车场(库)的名称、行驶路线、实时车位状态信息的显示装置;三级诱导显示屏是指设置在停车场(库)入口附近,用于发布单个停车场(库)的名称等信息的装置。

停车诱导系统不仅可以调节停车需求在时间和空间分布上的不均匀,从而提高停车设施使用率;还可以减少由于寻找停车位而产生的道路交通量,减少为了停车造成的等待时间,从而提高整个交通系统的效率。

2.2　车辆导航系统

想从前,出门远行凭脚力;看今朝,畅行天下有车子。工业革命的产物,人们出行乘坐的最佳工具——汽车早已走进千家万户,成为人们日常生活中不可或缺的交通工具,而车辆导航仪则是汽车的绝佳搭档。有了它们,再遥远的路途也不会迷茫;有了它们,畅行神州不再是梦想;有了它们,人人都能成为现代的旅行家。

车辆导航系统是集成GPS技术、地理信息系统技术、多媒体信息技术、数据库技术以及无线通信技术等高新技术于一体的综合系统。

一般来说,从导航功能实现的角度来看,车辆导航系统可分为两类:一类是自主式车辆导航系统,其定位和导航功能完全由车载导航计算机独立实现,系统的车载导航计算机都具有GPS定位和电子地图的存储设备,并且能够独立完成地图匹配、路径规划和路径引导等功能。另一类是中心站决定式导航系统,此类系统对车载导航计算机要求较高,需要无线通信网络支持以保证车载导航计算机能够实时与中心站进行通信,中心站结合实时交通信息对车辆进行导航。

 **小知识**

车辆导航技术

车辆导航技术是实现智能交通的关键技术,它是利用全球定位系统(GPS)对行驶的车辆进行定位,运用里程表和陀螺仪等传感器设备检测车辆的行驶状态,并借助导航电子地图,多媒体信息处理等技术手段,使交通控制中心和驾驶人可以准确地掌握车辆所处的位置。车载导航计算机可以显示车辆所在位置、交通路网以及路况信息,并为驾驶人找到从始发地到目的地的最优行车路径,避开交通拥堵,减少交通意外,有助于实现交通流量在整个交通路网上的合理分配,使交通路网能够得到最合理、最有效的利用。车辆导航技术将驾驶人、车辆和交通路网紧紧地联系在一起,形成了人—车—路三者有机结合的智能交通系统,车辆导航技术在智能交通系统中起着不可替代的作用。

2.2.1　智能出行路线导航

在跟旅行团旅行时,当我们坐在旅游团的大巴上看到窗外迷人的景色,想拍几张照片,谁肯为你停车呢? 当我们觉得旅行团指定的饭店口味不合,满腹牢骚时,又有谁能给你改变菜式呢？与缺乏旅游乐趣的包团出行相比，自驾出游吸引了越来越多的人，尤其是有了车辆导航系统，人们再也不用因为找不到路而被迫一定要跟团了。

人们通常会自发地组织车队出游，一起享受组团自驾游的乐趣。在没有车辆导航的情况下，大家常常会通过跟车的方式一起向目的地出发，然而，由于交通信号灯等缘故，一般都不能顺利地跟紧"车头"，最后导致车队走散。现在有了车辆导航仪，大家只需要约定好聚集地点，就可以按照导航设置的线路，各自出发，到达目的地集合，一起欢度假期。

汽车使人的触角变长，活动范围变大，导航仪则为人们出行保驾护航，指引前行的方向。有了这两样利器，畅游神州成为可能，每个人都可以成为现代的徐霞客——去感受黑龙江漠河的严寒，沐浴海南岛三亚的椰风，品尝新疆吐鲁番的葡萄，目睹上海浦东的繁华……

小故事

彼得的95天中国自驾游

有一位名叫彼得的"老外"，开着一辆老式的卡特汉姆车从上海吴淞口出发，沿长江畔而行，途经南京、合肥、黄山、南昌、长沙、武汉、张家界、桂林、南宁、成都、昆明、丽江、成都，然后经213国道到达兰州。他到达西宁后，经格尔木沿青藏公路进入西藏，抵达三江源头沱沱河。之后，他到了拉萨，又转走川藏线，经318国道，再次抵达成都，沿214国道到达西宁后，沿着黄河畔顺流而下，经银川、鄂尔多斯、榆林、壶口，历时近3个月的长途跋涉，抵达西安。彼得在西安稍做休整后，仍要继续沿黄河畔顺流而下，一直达到黄河的入海口，结束此次中国两大河之旅。彼得开着卡特汉姆车，沿着长江和黄河，途经了约20个城市，旅行路线绵延两万多千米，全程历时95天，游历了各地的自然风光和城市风景，探索并发现了一个鲜活和精彩的现代中国。

2.2.2　智能导航技术

我们上车后在车辆导航仪上输入目的地，稍等片刻就会听到"路径规划已完成"的提示，然后按照它的语音提示行驶，就能顺利到达想去的地方。那么，它是怎么找到这条路的呢？

对于车辆导航系统，从功能可以划分为GPS定位、数字电子地图、地理信息引擎、路径规划、路径引导、地图匹配、人机交互界面、无线通信8个模块，它们按图2-6的方式紧密联系着。

GPS定位由GPS定位传感器、滤波器和数字处理电路组成，主要用于确定车辆的实时位置，提供实时、连续的位置信息用于车辆导航。在整个导航系统中，GPS定位的角色就好像一位监控人员，它会向系统报告我们的实时位置，以确保我们走在正确的路径上。

数字电子地图对于车辆导航系统是必不可少的，它包含以预定格式存储的数字化导

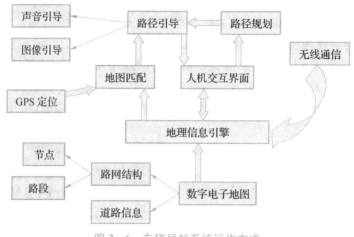

图2-6 车辆导航系统运作方式

航电子地图,为车辆导航提供诸如道路位置及坐标、交通路段限制、房屋建筑等基础设施的多种信息,是为我们提供路径导航的坚强后盾。

地图信息引擎,则是按照预设的格式存储与路网有关的数字电子地图信息,使导航计算机可以完成与数字电子地图相关的各种功能,它是操作电子地图数据库的接口,可以提供地图显示、浏览、标注、刷新以及各种信息服务的功能,是整个车辆导航系统的基础。

路径规划是车辆导航系统根据存储于电子地图的道路信息,采用特定的算法,确定起始点与目的地之间最优行车路径的过程。

一般来说,依据导航电子地图中的道路信息,路径规划会找出车辆所在位置到目的地之间总的行车代价最小的路径,所谓的行车代价指的是行车距离、时间、费用等因素,行车代价最小,说明所选择的路径即最优行车路径。路径引导是在路径规划模块得到最优行车路径之后,路径引导模块按照所得的路径引导驾驶人行车的过程。一般来说,路径引导模块将最优路径转化为能够被驾驶人识别的音频或图像,实时地发出声音或展示图像指令引导驾驶。

地图匹配是将GPS定位模块输出的定位信息与电子地图数据库提供的道路信息进行实时比较,并修正车辆行驶路径与地图显示路径之间的误差,通过适当的匹配模式和软件方法确定车辆当前的行驶路段以及所处的准确位置。

人机交互界面是车载计算机与驾驶人之间的交互界面,驾驶人可以通过它将位置设定、地图操作、信息搜索、路径规划等操作指令输入导航计算机,车载导航计算机通过该模块将以电子地图为背景的车辆位置信息、路径规划结果、路径引导的实时指令等各种驾驶人所需的信息以语音形式传递给驾驶人。

无线通信可以实现车载导航计算机与交通管理系统通过无线通信模块完成信息交换,交通管理系统可以获取车辆行驶的实时信息,驾驶人也可以了解当前的路况信息。该模块的功能实现需要移动通信网络的支持,目前还存在许多的技术问题等待解决。

2.3 车辆监控与调度系统

2.3.1 车辆监控系统

（1）爱车被盗能找回。今天,汽车已经成为我们生活中必不可少的交通工具。特别是在经济发达地区,许多家庭都购置了自家的爱车,汽车保有量快速上升,但随之而来的汽车被盗的案件也屡屡发生,在我国,每年发生盗车案件 10 万多起,平均每天被盗车辆就有 300 多辆。这时,很多有车族或正想买车的朋友都会考虑这个问题:怎样防止自己的爱车被盗?

汽车的"盗"与"防"简单来说就是"矛"与"盾"的关系,世上没有最锋利的"矛",也没有最坚硬的"盾",双方在博弈中不断提升进化。20 世纪 90 年代开始,汽车生产厂家就将防盗功能嵌入汽车的电路控制系统中,直至现在,功能仍在不断改进和加强;与此同时,偷车贼的技术层出不穷,偷车工具也在不断更新。正因为"盗高一尺",我们就更应"防高一丈",为自己的爱车安装上完善的防盗系统,防患于未然。

那汽车被盗后还能找回吗? 答案是肯定的,车辆监控系统就可以发挥这样的作用。

（2）车辆监控系统的功能很强大。车辆监控系统是由 GPS 全球卫星定位技术、GIS 地理信息技术组成的,它可分为 3 大功能模块:车载终端、移动通信系统与监控中心。车载终端通过 GPS 接收机接收的卫星信号运算出定位数据(经度、纬度、时间、速度和方向)和状态数据等,将数据信息处理后,通过无线通信网络(GSM/ GPRS)发回到信息交换中心;信息交换中心判断数据类型后,将其中的 GPS 定位数据、状态数据、服务请求等通过中心服务系统发送给相应的监控客户端;监控客户端软件根据上传的车辆 GPS 定位信号数据,经过电子地图匹配技术,在地图上实时显示车辆的位置、状态等信息,从而实现了车辆的实时监控管理(如图 2－7)。

图 2－7 车辆监控系统监控原理示意图

有了这个功能强大的系统,万一我们的爱车不幸被盗,在报警的同时,通过监控系统就可以弄清楚车子的位置以及移动轨迹,警方就能在最短时间内破案,找回爱车,避免财产损失;远程遥控开关车门、远程监听等神奇的功能还能使盗贼无法逃离车辆,束手就擒。

从早期的机械锁、无线电遥控门锁、加装"暗开关",发展到利用 GPS 卫星定位信号、互联网技术等高科技手段实现汽车防盗,汽车的"防"不断得到强化和完善,车辆监控技术更是车辆防盗中的一个里程碑,为汽车的安全提供了保障。

2.3.2 公车智能监管系统

(1)"公车私用"要监控。作为三公消费之一,公务用车私用已成为一个比较突出的问题。我们常常可以看到一些"公车私用"的现象,比如单位领导用公车接送自己的子女上下学,下班后用公车去餐饮、娱乐场所消费、开公车参加私人婚丧嫁娶活动等。

"公车私用"损害了政府的形象,对社会造成了不良的影响。为了防止这种腐败之风继续蔓延,各地政府开始利用现代技术手段来加强管理,广州就是其中之一,该市正定制车载电子监控系统对公车的使用情况进监控,该系统比较特别的是一旦发现有公车私用,系统可以立即让车熄火。

 延伸阅读

科技手段管公车

早在 2009 年 12 月,广州市黄埔区政府就提出运用高科技手段加强公车管理的想法,得到了上级部门的大力肯定和支持。次年 4 月,该区正式成为广州市改革公务用车使用管理制度三大试点单位之一。在广州市纪委的指导下,黄埔区政府先后赴昆明、吴江取经,再经过发放问卷、网上调查、专家论证,最终获得了全区 88% 科级以上干部的支持,形成了以卫星定位+RFID 设备为手段、集"科技、管理、服务"三位一体的公车管理新模式。

据现场监控人员介绍,安装 GPS 车载终端,能充分发挥卫星定位高精度、全天候、广覆盖的优势,可实时生成公务用车的位置、速度、方向,让监管部门做到"心中有数"。而且,用车信息可一年内在线查询,超过一年的也可根据需要随时调出,等于在用车人面前竖了一条"高压线"。

(2)谁在用车我知道。当然,只靠定位系统,只能得到汽车的使用情况,要想知道谁在使用,就要靠另一种技术——RFID 射频识别技术。其技术跟我们平时使用的无接触刷卡差不多,就像刷卡进门一样。RFID 是一套身份识别系统,主要用于对公车使用人的鉴别。公务员的工作证中被植入了一块 RFID 芯片,每张卡记录该人员的身份信息;使用车辆前,驾驶人需要使用身份识别卡在车载设备的 RFID 身份识别器上进行身份验证后,车辆才能起动,之后车辆行驶的各种信息都和该驾驶人相关联,谁在用车一目了然。

目前广州市对公车加强管理试点的第一步从"管住周末用车"开始,要求试点单位的全部公车在每个周末都必须停在单位车库。据资料显示,这一点到目前已经稍有效果,只要是周末,公务车除了执行公务以外,几乎都整齐地停在单位车库,与公车使用相关的费用也已出现明显下降。

2.3.3 智能调度系统

（1）运输、物流企业好帮手。对运输和物流企业而言，高效和实时地对车辆进行监控和调度是提高效率、增加效益和改进服务的关键。以往的车辆调度仅局限于运营车辆组织货源和灵活配货，无法对运行车辆进行高效的调度管理，而基于地理信息系统（GIS）的车辆监控调度系统就可以满足这些企业的业务要求。

货物发出以后，受控车辆所有的移动信息均被存储在控制中心的计算机中，客户可以通过网络实时查询车辆运输途中的运行情况和所处的位置，了解货物在途中是否安全，是否能快速有效地到达；接货方只需要通过发货方提供的相关资料和权限，就可以通过网络实时查看车辆和货物的相关信息，掌握货物在途的情况以及大概的到达时间，以此来安排货物的接收、存放以及销售等环节。

规划路径是车辆调度系统最大的功能。运输企业可以根据送货车辆的装载量、客户分布、配送订单、送货线路交通状况等因素设定计算条件，结合真实环境中所采集到的空间数据，分析客、货流量的变化情况，对公司车队的运输线路进行优化处理，实现以费用最小或路径最短等目标为出发点的运输路径规划。这样可以降低物流车辆的空载率，提高车辆利用率，节省在车辆上的投入，为物流运作提前做好准备。

（2）应付突发情况显神威。当然，计划有时会赶不上变化，一些突发情况下，监控与调度系统同样能发挥其优势功能。例如，客户经常会因突发性的变故而在车队出发后要求改变原定计划；有时公司在集中回程期间临时得到了新的货源信息；有时几个不同的物流项目要交叉调车。在上述情况下，监控中心借助于GIS就可以根据车辆信息、位置、道路交通状况向车辆发出实时调度指令，实施车载配货等，用系统的观念运作企业业务，达到充分调度货物及车辆的目的，降低空载率，提高车辆运作效率。

管理是企业的核心，调度系统则为这个核心的大脑。总的来说，无论是载货还是载人，车辆调度系统发挥的作用都是巨大的。对企业来说，运输效率很大程度上提高了，也减低了车辆的空载率，能够及时为客户或者乘客提供更优的服务；对整个交通系统来说，整个路网的利用率增加了，缓解了交通拥堵，为交通发展做出了贡献。

2.4　公交车优先系统

2.4.1　公交优先的概念

（1）公交车效率更高。当看到这个题目时，相信许多人会提出质疑：坐公交车真的会比开私家车快吗？从速度上来考虑，这个问题的答案显然是否定的。但在这一节里，我们不是把公交车和私家车同时放到跑道上赛跑，这里说的"快"是有条件的。

首先让我们来算一笔小账：一辆大公交车占道面积约等于2辆小汽车，而载客数量却是2辆小汽车的20倍左右；公交车完成单位客运量消耗的能源是小汽车的1/10左右；从空气污染和热源污染看，按单位客运量计算，大型公交车辆要比小汽车低90%左右。运送同样数量乘客，公交车与小汽车相比，分别节省土地资源3/4，建筑材料4/5，投资5/6。

正因为公共交通既能提高现有道路交通资源的利用率,也有利于解决能源紧张、环境污染等问题,因此,国内外目前都致力于公交优先的内涵及战略研究,不仅仅从政策上、规划建设上给予公交车优先的优惠,在某些地区和场合还给予公共交通工具优先行驶的特权,节省运行时间,提高运输效率,使得公交车的"速度"真正比私家车快。

(2) 公交车可以优先通过。相信大家对于 BRT 都不陌生,BRT 就是公交优先的最好例子,它通过建立公交车专用道让公交车拥有优先行驶的权利。在许多城市,特别是像北京、广州这些大城市里,上下班高峰期很可能会遇到拥堵的情况,这时,我们如果乘坐 BRT 公交车,就很可能比开私家车更快地到达目的地了。

延伸阅读

什么是 BRT

快速公交系统简称 BRT(Bus Rapid Transit,BRT),是一种介于快速轨道交通(Rapid Rail Transit,RRT)与常规公交(Normal Bus Transit,NBT)之间的新型公共客运系统,是一种大运量交通方式,通常也被人称作"地面上的地铁系统"。它是利用现代化公交技术配合智能交通和运营管理,开辟公交车专用道路和建造新式公交车站,实现轨道交通运营服务,达到轻轨服务水准的一种独特的城市客运系统。

快速公交系统 30 年前起源于巴西的库里蒂巴市,世界上许多城市通过仿效库里蒂巴市的经验,开发并改良建设了不同类型的快速公交系统。BRT 系统在类型、容量和表现形式上的多样性,反映出它在运营方面广阔的发展空间以及大运量公交系统与生俱来的灵活性。BRT 既适用于拥有几十万人口的小城市,同时也适用于特大型都市。以库里蒂巴市为例,它的公交车出行比例已高达 75%,日客运量高达 19 万人。

那么这些措施是怎么使得公交车比私家车快的呢? 将在下面介绍。

2.4.2 公交优先的保障措施

(1) 公交优先见成效。上面为大家谈了由于公共交通工具的社会经济性,许多国家和地区都想方设法采取各种措施,使公交出行比例增高,以增加社会的总体效益。在某些场合下,一些公交优先的措施还可以令公交车在"速度"上超过私家车。其实,这就是公交优先系统的内容和作用。

狭义的公交优先是指采用适当的交通管理和道路工程措施,使城市内部的客运交通以大容量、快速度的公交系统(包括公交车和轨道交通)为主,其他个体交通工具为辅;而广义的公交优先不但是指公交车在路权使用上的优先,更是指有利于公交车优先发展的所有政策和措施,包括公交车在规划和经济政策上的优先。所以说公交车优先既是经济问题,又是社会问题,既是技术问题,又是管理问题。具体而言,公交优先一般包括以下三个方面:

给予公交政策上的优先。公交优先应该体现为城市公共交通发展得到国家政策的扶持和保护,各级政府尽快制订优先发展公共交通的政策并使之逐步法制化。

给予规划建设上的优先。公交优先还应该体现为公共交通规划和建设的超前性,即基础设施的前期规划、投资分配、计划安排和工程设计等向公共交通倾斜。根据城市功能定位,结合城市发展总体规划,制定城市公共交通的中长期发展规划。

给予通行上的优先。公交优先还应该体现为给予公交车优先行驶的特权,提高行驶速度,节省运行时间,提高运输效率。

(2) 公交车"速度"可提升。以上3点中的前两点是从宏观上考虑,创造一个良好的大环境,使公交优先得到更快、更好的发展,在这里就不再展开了,到底公交优先系统是怎么有效地让公交车的速度得到明显的提升呢?

首先,需要构筑一个良好的公交专用道路系统。一个完善的公交专用道路系统不但指建设好几条公交专用道,而且包括了线路的优化、停靠站的选址、售票技术、交叉路口优先信号控制系统和相关道路交通管理等部分。通过选择适合的公交专用道类型和车流组织形式,设计好公交专用道标志标线、隔离设施和停靠站,提高整个公交优先系统的效率,从而增加公交的吸引力。

其次,实行交叉路口公交信号优先。常用的交叉路口公交优先措施包括调整信号周期、使用公交车辆感应信号、增设公交专用相位、公交优先排队、公交优先转弯等。通过研究基于公交优先的信号配时优化,降低公交车的总延误;在公交车上安装信号发射机,让交叉路口的信号检测器接收公交车辆发出的信号,动态控制信号灯的绿灯时间。公交信号优先虽然在中国发展还不成熟,但在发达国家的应用是比较广泛的,坐在这些国家的公交车里,我们甚至会发现沿途很少遇到红灯。

说到这里,不知道大家是否对公交优先系统有了更进一步的了解? 是否想立刻登上BRT,感受一下比私家车还快的感觉?

延伸阅读

发达国家的公交优先政策

纽约:私家车一律停在郊外。到纽约曼哈顿的上班族,是从家里开车到市郊地铁站或火车站,再换乘地铁或火车进入市区,然后在市内乘公交车、地铁或出租车去上班。曼哈顿的许多街道,只有持特殊牌照的车辆才能停车装卸货和上下客,其他车辆不得停放,否则即被罚款。

巴黎:视天气状况小汽车分单双号入城。巴黎设置了480多条全天或部分时间禁止其他车辆使用的公交车专用道,使公交车速度提高了20%～30%。对于小汽车,巴黎市政府规定,每逢空气流通不畅的无风日,采用单双号限行来限制小汽车进城。

东京:地铁至上。东京人的私家车平日都"存"在车库里,上班族上下班乘地铁。一则因为乘地铁才能准时上下班,二是公司里只有总经理和董事长才有车位。

伦敦:停车费抑制小汽车使用。伦敦市政府发出交通白皮书公告市民,为了限制小汽车数量,减少拥堵和空气污染,从2000年起提高停车费用,同时城市内原有的各大公司、公共场所的免费停车场一律改为收费停车场。

2.5 道路紧急救援系统

德国是一个高福利的国家,国家保障系统十分健全,尤其是紧急救援应急体系结构合理、分工明确、管理先进、技术精良。他们以人为本,防患于未然的救援理念;全民参与,救援培训从娃娃抓起的组织机构;合理分工,严谨科学的工作态度为世人称道,是各国学习的典范。

据了解,德国的空中救援直升机8分钟内就能赶到事发地点参与急救,并有专门的事故医院承担伤员的急救与治疗康复,一些民间组织、企业协会也能展开极为专业的救援行动,总之,全民皆兵以应对突发事故后的紧急救援工作。

我国交通事故紧急救援工作起步不久,开展时间较短,相比西方发达国家,差距相当明显,救援体系急需完善,装备水平也有待提高,如要真正实现"紧急关头也淡定",任重而道远!

2.5.1 事故自动检测方法

交通事故检测作为救援的起点,其检测速度与准确性决定了紧急救援系统效能的发挥。快速定位事发点对伤员救治、交通疏导和预防二次事故发生有着举足轻重的意义,如何才能让事故在第一时间被发现呢?

早在20世纪60年代,美国人就开始通过分析交通状态来间接检测交通事故,利用交通特征参数(如车流量、车速等)的异常变化来推测交通事故的发生。但在实际应用中,该技术有一定局限性,比如:对交通事故、车辆故障这些交通流中的微观现象检测效果不佳,也不能实时检测,不适合检测小的交通流量。

如今,事故自动检测方法大多采用视频图像处理技术。当我们驾驶着漂亮的跑车惬意地驶过闹市,除了路人外,还会被事故检测系统的高清摄像头关注到。作为运动目标、检测对象,系统将对跑车的运行持续跟踪,从而得到一组图像序列,再提取出每帧目标图像中跑车的二维坐标,按时间顺序串联起来,进而形成完整的运动轨迹。不要误以为系统所做的仅限如此,计算机还能够对跟踪结果进行更深层次的理解和识别,当跑车在相似的运动模式中出现不稳定状况,如车速突然降低,系统就能自动检测出事故发生的可能。

现实中,为了实现对关键路段的全覆盖监视,常采用闭路电视监控系统(Closed-Circuit Television,CCTV)。由于系统需布置大量的摄像头,一般在一个较小的区域里,或某些关键场所,如隧道中,CCTV才是最佳选择。

假如事故发生在一个大雾弥漫、能见度很低的清晨,视频图像技术已无法直接"目睹"事故发生,是不是事故就很难立即被检测到了呢?既然"看"不到事件的发生,那就用"听"来解决。我们都知道交通事故发生时往往伴随着异常的声音,而这种声音信号与正常行驶时产生的噪声又存在很大差别,因此,可以通过识别声音模式来实现事故检测。虽然相关实验证明了其可行性,不过这种检测方法还不甚成熟,但其作为一个全新的课题,丰富了交通事故自动检测技术,未来的发展就让我们拭目以待吧。

延伸阅读

5分钟就能处理一宗轻微事故

2012年深圳文博会期间,深圳交警结合新启用的智能交通平台,集合重大涉车案件实行视频技术同步上案、捆绑作业机制,开发出智能交警系统,应用在交通管理方面,实现了"5分钟处理一宗轻微事故"。在交警指挥室的屏幕上,不但显示着全市的监控视频,而且呈现出所有当值警员的警号、姓名以及工作状态,他们或在巡逻,或在处理事故。一旦出现警情,不仅可以尽快通知周围500米之内的民警赶到现场,还可以调集附近视频对现场进行调查监控,提高了轻微交通事故处理效率,营造出和谐畅顺的交通氛围。

2.5.2　交通紧急救援系统

以高速公路紧急救援系统为例。假如某一高速公路上发生了一起严重的交通事故,我们应用现代检测和通信技术已经第一时间确定了事故的地点、类型,那么现在考验我们的就是对事故的快速响应(如图2-8)。

图2-8　高速公路救援现场

俗话说:养兵千日,用兵一时。平时建立起的紧急救援系统各部门之间的联动机制有了用武之地,而高速公路交通紧急救援中心及相关的救援信息数据库系统更是起到了大脑中枢的作用。

紧急救援所需要的信息(如:事发点、救援设备所在位置、救援最佳路径等)经采集、融合、管理和传送,各部门听从指挥,协同出击,确保救援过程迅速开展。

当各部门人员、设备抵达事故现场,就必须实施集中和统一的现场管理。因此,我们需要制定事故指挥控制制度和建立统一的现场指挥机构来促进事故的现场管理。事故指挥往往效仿军事中的指挥制度,根据事故的规模大小、复杂程度和持续时间等规定不同事故管理者的作用和职责,为事故现场管理提供一种有组织、有计划的方法。而统一的事故指挥机构则由来自不同响应部门的代表组成,指挥者视事故现场管理行动而定。例如,某次事故造成人员重大伤亡,消防或医疗部门在伤员治疗和转移过程中首先发挥事故指挥者的作用,接下来的事故调查指挥工作由交警部门担当,最后则由清扫道路的部门负责事故现场扫尾工作指挥。

事故发生期间,交通管理除了给予响应者一个安全通畅的工作环境,还应尽量减轻事故造成的交通混乱和车辆延误,尽快疏导交通,快速恢复道路通行。例如,通过实施交通分流与诱导,预防二次事故的发生,同时向车主提供事故信息服务。总之,需在最短的时间内确定最佳的交通控制与管理方案。

假如某次交通事故还造成了一辆运输危险化学品的罐车泄漏,如不及时控制污染源,后果将不堪设想。事实上,根据不同危险品的特性,我们已制定出相应的处置流程并建立起科学的危险品事故预警机制,一旦发生事故,只需对号入座,就能快速、安全处理。

延伸阅读

基于 GIS 的高速公路紧急救援系统

GIS 即地理信息系统(Geographic Information System,GIS),是综合处理和分析地理空间数据的技术系统,它以测绘测量为基础,数据库为数据储存和使用的数据源,计算机编程为平台的全球空间分析即时技术。它在图形属性管理、专题制图、基于 GIS 的高速公路紧急救援系统中能够自动检测突发事件,并进行事件信息的采集、发布、分析,自动生成快速和科学的最佳紧急救援方案,与此同时,对救援过程实时跟踪,记录处置流程和效果,为提高紧急救援效率提供依据。空间分析和地理分析等方面为高速公路紧急救援提供辅助支持。

2.6 车辆辅助驾驶与安全

大家还记得 2010 年发生在四川成都的"中国豪车第一撞"吗?当悲情的大货车撞上价值不菲的兰博基尼、劳斯莱斯和保时捷时,连围观的群众都戏称车祸现场变"车展",一个普普通通的追尾却结结实实"撞"掉了 200 万的维修费,幸运的是,只伤钱不伤人。自汽车问世以来,车祸便如影相随,当车辆的性能越来越好、速度越来越快时,因为车祸,人类付出的代价也越来越惨痛。

2.6.1 车辆主动安全技术

传统的安全理念以被动为主,然而,安全带、安全气囊、溃缩吸能车身、侧门防撞梁等被动安全技术并不能有效避免交通事故的发生,因此,主动安全的概念慢慢形成并随着科技进步不断发展完善,主动安全技术成为未来汽车的研发重点。说到这,也许很多读者还不清楚"主动"与"被动"的区别在哪。一般而言,区分主动安全与被动安全技术主要以发生撞击时安全装置起动的时间为标志。主动安全装置是指在撞击之前做出动作的辅助装置,它们以各种方式介入驾驶操作,利用机械和电子装置,保持车辆的操控状态,努力使驾驶人恢复对车辆的控制,避免意外发生。而被动安全装置则略显乏力,当车祸意外的发生已不可避免,被动的安全装置将作为"最后的一根稻草"对驾驶人和乘客进行保护,比如安全气囊,它里面含有硝酸铵、叠氮化钠等物质,当汽车高速行驶受猛烈撞击,这些物质会迅速发生分解反应,快速充气形成气囊,吸收撞击力,有效地保护车内乘员。

事实上,无论是被动安全配置还是主动安全配置,在汽车上都属于辅助装置,是为我们出行保驾护航的"安全卫士"。它们不能确保行车的绝对安全,却能将车祸意外的概率及伤害降低到最小。

 **小知识**

常见的车辆主动安全辅助系统

防抱死制动系统(Anti-lock Braking System,ABS):避免紧急刹车时车轮抱死,维持车辆的转向能力,避开障碍物,但通常情况下不会缩短刹车距离。

电子制动力分配系统(Electric Brake-force Distribution,EBD):配合防抱死制动系统使用,在汽车制动的瞬间,分别对4个轮胎不同的附着力进行感应和计算,得出摩擦力数值,根据各轮摩擦力数值的不同分配相应的刹车力,避免车轮打滑、倾斜和侧翻等危险。

紧急刹车辅助系统(Brake Assist System,BAS):电脑根据刹车踏板上侦测的刹车动作,来判断驾驶人对此次刹车的意图,如属于紧急刹车,则指示刹车系统产生更高的油压使防抱死制动系统发挥作用,从而使刹车力更快速地产生,缩短刹车距离。

巡航系统(Cruise Control System,CCS):采用雷达传感器,实时监测车辆与前面车辆(物体)的距离,提醒驾驶人保持车距。

胎压监控系统(Tire Pressure Monitoring System,TPMS):驾驶人可以通过车内提示警告系统来判断轮胎胎压情况是否正常,避免了因轮胎亏气出现的行车跑偏。

电子稳定程序(Electronic Stability Program,ESP):属于牵引力控制系统,既控制驱动轮,又控制从动轮,通过主动干预危险信号来实现车辆平稳行驶。如后轮驱动汽车常出现转向过度的情况,后轮失控而甩尾,该系统便会放慢外侧的前轮来稳定车子;当转向不足时,为了校正循迹方向,则会放慢内后轮,从而校正行驶方向。

2.6.2　倒车雷达系统

一直以来,倒车都是困扰广大驾驶人的问题,经验再丰富的驾驶人都可能有过倒车刮擦的经历。据统计,由于车后盲区所造成的交通事故占事故总数的比例,在美国约为20%,而在中国这个数字更是高达30%。生活中就有很多新手只敢前进,不敢倒车,每次倒车就手忙脚乱。

"嘀嘀嘀,倒车,请注意!"大家听过这句经典的提示音吗? 相信有很多人对这个声音印象深刻。有人笑称它是倒车雷达的祖宗,可惜的是,这款产品不能算是真正意义上的倒车雷达,因为它不能主动探测车辆倒车过程中的障碍物分布情况,只是在驾驶人挂上倒挡时响起,提醒周围路人注意避让,对驾驶人帮助并不大,因此,它的淘汰也就成为必然。

第二代倒车雷达系统比较接近现代,是倒车雷达系统真正的开山之作,采用蜂鸣器提示。在倒车时,如果车后1.5～2米处有障碍物,报警器就会开始工作。鸣叫声越急促,表示车辆离障碍物越近。但是该产品缺少语音提示,更无距离显示屏,司机无法确定障碍物的准确位置,不过相比第一代产品进步相当大。

此后的三代产品分别采用了数码、波段显幻镜倒车雷达技术。随着科学技术日新月异,产品也时时更新,外观和性能愈加精致、优良,更为人性化的设计在赢得了更多用户喜爱的同时,为新一代雷达的问世打下坚实的基础。

图2-9　无线液晶倒车雷达影像

目前市面上最先进的倒车雷达要数无线液晶倒车雷达(即第六代雷达)(如图2-9),它集无线连接、倒车雷达、彩色液晶显示器、BP警示音于一体。车后雷达主机与车前仪表台上显示器之间采用无线连接,解决了安装上的难题(安装普通倒车雷达,从车后雷达主机到车前仪表台上的显示器要接线布置,非常不方便),更可在大巴、卡车等车身较长的车上使用,安装方便又快捷。

作为倒车辅助系统第六代产品中的佼佼者,全景倒车影像系统在车身周围安装有4个广角摄像头,视野覆盖汽车四周,它将同一时刻采集到的多路视频影像融合成一幅超宽视角、无缝拼接的360°车身俯视图,并在中控台的屏幕上显示出来,从而彻底消灭视觉盲区,驾驶人只需关注实时视频画面就能避免意外发生。与此同时,配备的超声波倒车雷达犹如驾驶人的第三只眼睛,不但能让驾驶人清楚查看车辆周边是否存在障碍物,更能准确了解障碍物的相对位置与距离,避免倒车时因看不到车后和左右两边的情况而发生刮碰与车祸。

延伸阅读

智能倒车轨迹系统

秉承"智予车,乐予人"的使命,坚持使用可靠的原则,北京某公司开发出了汽车智能倒车轨迹引导系统,有效解决了驾驶人倒车之忧。作为倒车辅助系统的新成员,智能倒车轨迹系统在倒车影像的基础上,朝着智能化、人性化的趋势又迈进了一步。

众所周知,倒车最难把握的是打方向盘,该系统在原车上加装方向盘读取器,通过在 DVD 倒车影像上标注两根倒车诱导导向线,当方向盘转动,倒车曲线随之转动,从而准确描绘出倒车轨迹,使驾驶人倒车更加轻松洒脱。此外,在倒车轨迹可视范围内,驾驶人可以通过显示屏知道汽车尾部与障碍物之间的距离,只要避开倒车导向线所划定的安全有效区范围内的障碍物,就能进行安全精准倒车。

2.6.3　夜视辅助系统

据美国国家公路交通安全管理局统计,汽车夜间行驶时间虽然只占总驾驶时间的 1/4,却有一半的重大事故发生在夜间。夜间行车对于驾驶人来说是最危险的,这是因为夜间能见度差,可视距离只有 80 米左右,而驾驶人行车信息的获取 90% 来源于视觉,加之汽车灯光的照射范围和明亮度都有限,缩短了驾驶人的可视距离,影响了夜间的行车安全。因此,各大汽车厂家纷纷研发如何在黑暗中看清前方的技术,于是汽车夜视辅助系统诞生了。

汽车夜视辅助系统主要利用红外线成像技术,将黑暗变得如同白昼,使驾驶人在黑夜里看得更远更清楚。事实上,夜视系统很早就应用在军事方面。20 世纪 50 年代,为了提高坦克的夜间机动能力,把具有夜间视觉能力的仪器安装在坦克上,这样坦克就可以在夜间行动自如。进入 21 世纪,随着科技进步,夜视系统价格越来越低,才逐渐实现了由军事装备向民用产品的转化。1999 年 6 月在上海及 2000 年 6 月在北京举行的国际车展上,美国凯迪拉克汽车将夜视系统推向我国汽车市场。到目前为止,搭载夜视技术的车型多为进口名车,如宝马的新 7 系、奔驰的 S 级和 E 级等,而我国自主品牌红旗的盛世车型也有夜视系统。

⭐ 延伸阅读

汽车夜视系统的分类

(1) 主动夜视系统(近红外线系统)。通过车头大灯内两个特殊探照灯以人眼无法观察的红外线照射路面,前风挡内侧的红外摄像机捕捉红外线反射信息,通过夜视系统控制单元对视频图像进行处理,然后显示在仪表盘上的显示屏上。

优点:① 不依赖热源,可以看到不发出热量的物体。② 通过图像处理,提高了清晰度,道路标志清晰可见。③ 技术成熟,批量性好,价格低,使用寿命长。

缺点:① 系统主动提供信息较多,易分散驾驶人的注意力,造成视觉疲劳。② 与同时使用该系统的汽车对向行驶相遇时,显示屏会出现短暂亮白。③ 探测距离较近。

(2) 被动夜视系统(远红外线系统)。通过安装在前保险杠左侧的热成像摄像头,探测车辆前方物体和行人的热辐射,再利用夜视系统控制单元将探测到的热量信息转化为影像并显示在车辆的显示屏上。

优点：① 探测距离较远。② 不受对向车道灯光的影响。③ 可以穿透大雾天气。

缺点：① 道路标志模糊，甚至不能显示出来。② 图像清晰度变化较大，受天气状况和时间因素影响大。③ 显示图像与实际景象存在偏差。④ 使用寿命较短且售价高。

2.6.4　车道偏离报警系统

据统计，约有44％的汽车事故与车辆偏离正常车道行驶有关，而造成车辆偏离的原因包括驾驶人注意力不集中、疲劳驾驶以及酒后驾驶等。试想，在车辆上搭载车道偏离报警系统，当车辆行驶过程偏离原车道，系统就能迅速判断该情形是否属于驾驶人无意识的行为，从而有效降低道路交通安全事故率，保障驾驶人和乘客的生命安全。

简单地说，车道偏离报警系统是一个基于视频传感器的驾驶人辅助系统。首先，它利用集成在后视镜附近、前风挡玻璃后的传感摄像头监控前方道路两边的分道线，夜间则通过监控大灯光束内的道路获取图像信息。然后由车载的中央控制单元接收监控录像，并实时地变换成可处理的格式。与此同时，在处理器内部进行预处理，过滤图像捕获期间混入的噪声，从而识别出车道标线，并持续跟踪观察标记线的位置。如果探测到车辆即将偏离标记线，系统发出报警信号。比如：奥迪A6L配置的车道偏离报警系统正常工作时，如果遇到上述情况，将通过方向盘振动来提示驾驶人，并且可以借助电动助力转向系统发出自动修正方向盘的动作指令，使车辆自动回归行车线路。说到该系统的应用环境，根据其设计原理我们也能推测出个大概：行车速度、路面宽度、分道线的清晰程度以及环境因素（雨雪及大雾天气造成路面被覆盖或者辨识度不高）等都将影响系统的正常工作。在我国，车道偏离报警系统通常只能在路况较好的高速公路或者郊外公路上才能发挥作用，而对于山路、省道或者路况较差的非铺装路面来说，系统并不能正常发挥作用。车速达到70千米/小时时系统才会被激活，系统发出报警提醒的时间也会因车速提高相应提前，从而让驾驶人有足够的时间校正方向。因此，为了让车道偏离报警系统应用更为广泛，提高系统稳定性、增强系统适应各类天气条件的能力、克服光照变化及阴影条件影响，这些都是未来车道偏离报警系统的研究重点。

⭐ 延伸阅读

危险驾驶报警手机软件

2012年，在上海市第五届青少年创新峰会上，上海交通大学附属中学的两名同学展示了一款名为"司机助手"的手机车祸预警及报警软件。该软件采用安卓操作平台，借助手机自带的线性加速度传感器获得汽车实时的三维加速度与时间四次函数关系式中各系数的值，通过与实验数据比较，推测出汽车运行的安全情况，实现车祸预警。当车辆处于非正常行驶状态，手机将发出报警声提醒驾驶人，或者通过短信将情况发送给预设的联系人，预防事故。但由于该软件存在误报警风险，这款产品并未真正投入市场，不过我们相信在不久的将来，类似"司机助手"的产品将引领驾驶走入安全时代。

扫码可见
本章微课

全球工业汽车发展历程

3.1 汽车的诞生

纵观人类文明发展史,汽车的发明绝非偶然,也不是仅凭借一己之力可以完成,它是人类集体智慧和劳动的结晶。人类经历了漫长的靠双足跋涉的时代后发明了车轮和车,后来又发明了蒸汽机和内燃机,这些都为汽车的诞生开辟了道路。终于在 1886 年,德国人卡尔·本茨(Karl Benz)发明了世界上第一辆三轮内燃机汽车。

3.1.1 车轮和车

1. 车轮的发展

车轮是人类在搬运东西的劳动实践中逐渐创造的。随着生产工具的改进,人类猎取的食物变多,把它们运到目的地也变得越来越困难。于是,有人就想出了主意,从地上捡了几根折断的粗树枝,用藤蔓将这些树枝连接在一起,然后把猎物放在上面,双手抓住两根长树枝拖着走,这比肩扛背驮要轻快得多;也有人想到用一根木棒,一端扛在肩上,另一端在地上,把重物吊在木棍中间拉着走,这也比用手搬运省力;还有人把两根棍并排起来,中间系一块布,双手持棍的一端,另一端在地上拖着走。上述这些,就是人们最初发明的一种"轻撬",它的特点是借助滑竿在地上滑动,从而减轻人的负重。大约在公元前 4000 年,北欧人发明了更具实际意义的"撬",人类用滑动实现了运输方式的第一次飞跃。

大约在人类发明"撬"后 1000 年,中亚人发明了车轮。从此,人类有了一种新的移动方式,这就是用滚动代替滑动,实现了运输方式的第二次飞跃,大大提高了运输效率。最早的车轮是把从粗圆木上锯下的圆木当作滚轮,如图 3-1 所示。公元前 1600 年,北方的喜克索斯人(Hyksos)用马拉战车进攻埃及,使埃及人大吃一惊。从此,埃及人也开始使用带轮的车,并首先使用了轮辐和轮缘来加固车轮。不过,当时车轮还都是木制的,如图 3-2 所示。后来,随着钢铁的出现,木轮发展成为钢制轮,外加橡胶轮胎,内充空气,车轮日臻完善。

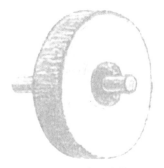

图 3-1 实心木轮

图 3-2 古代车轮

2. 马车的发展

车辆几乎是与车轮同时出现的。中华民族是最早使用车辆的民族之一,传说在约5000年前黄帝就制造了车辆。所以,黄帝又称为"轩辕黄帝"(如图 3-3)。"轩"是古代一种带有帷幕而前顶较高的车,"辕"是车的构件,指车前驾牲畜的两根横木。不过,黄帝造车的传说迄今尚未找到确凿的史料记载。

早期的车辆都是人力的,后来马车出现了。马车的历史极为久远,它几乎和人类的文明史一样漫长。一直到 19 世纪,马车仍然是城市中十分重要的交通工具。其中,欧洲主要使用的是四轮马车,如图 3-4 所示;而中国使用的主要是两轮马车,如图 3-5 所示。春秋战国时期,马拉的兵车仍然是军队的主要作战工具。各国诸侯大量制造兵车,像秦、楚等强国,兵车数量超过千辆,因而有"千乘之国"之称,这是一种国家军事实力的体现。

图 3-3 轩辕黄帝

图 3-4 四轮马车

图 3-5 两轮马车

秦始皇在统一中国之后,为了强化国家对地方的控制能力,大力修筑"驰道"以保证运输通畅,还实施"车同辙",统一车辆的轮距,这可以说是世界上最早的车辆标准化法规。

3. 自动车辆的尝试

尽管古代的人们对车辆不断进行改进探索,但人力或畜力车的速度和载重量总是受到很大限制,无法满足人类的需求和生产力的发展。制造出"多拉快跑"的自动车辆,一直是人类的梦想。14 世纪至 16 世纪欧洲的文艺复兴,使欧洲的思想文化和科学技术走向繁荣,欧洲的车辆制造技术也在那个时期超过了中国,欧洲人开始了自动车辆的大胆尝试。

1420 年,英国人发明一种滑轮车,如图 3-6 所示。人坐在车内,借用人力使绳子不停地转动滑轮。车虽然走了起来,但由于人力有限,这类车的速度不能充分地得以发挥,比步行还要慢。1600年,荷兰人西蒙·史蒂芬制造了一辆双桅风帆车,它把车轮装在帆船上,如图3-7所示,依靠风能驱动车辆,但是这种车辆对风向和风力的要求比较严格。1649年,德国钟表匠汉斯·郝丘制造了一台发条车,如图3-8所示。这台发条车的速度不足1.6 km/h,而且每前进约230 m就必须把钢制发条卷紧一次,由于这个工作的强度过大,发条车也没能得到发展。

图3-6　英国的滑轮车

图3-7　荷兰的双桅风帆车

图3-8　德国的发条车

以上所谓"自动车辆"的尝试,都因为各自存在的种种问题而失败了,但它却反映了当时人们对自行驱动车辆的渴望与追求。

3.1.2　蒸汽机的发明

蒸汽机是将蒸汽的能量转换为机械能的往复式动力机械。蒸汽机的出现曾引发了18世纪的工业革命。直到20世纪初,它仍然是世界上最重要的原动机,后来才逐渐让位于内燃机和汽轮机等。

16世纪末至17世纪后期,英国的采煤业已发展到相当的规模,单靠人力、畜力已难以满足排除矿井地下水的要求,而现场又有丰富而廉价的煤作为燃料。现实的需要促使许多人致力于"以火提水"的探索和尝试,其中包括英国的托马斯·萨弗里(Thomas Savery)和托马斯·纽科门(Thomas Newcomen)等人。

终于在1696年,萨弗里制成了世界上第一台实用的蒸汽抽水机,如图3-9所示。在1698年取得名为"矿工之友"的英国专利。萨弗里的抽水机依靠真空的吸力汲水,汲水深度不能超过6 m。为了从几十米深的矿井汲水,须将抽水机安装在矿井深处,用较高的蒸汽压力才能将水压到地面上,这在当时无疑是困难而又危险的。

纽科门在1705年发明了大气式蒸汽机,用以驱动独立的提水泵,被称为"纽科门大气式蒸汽机",如图3-10所示。这种蒸汽机先在英国,后来在欧洲大陆得到迅速推广,它的改型产品直到19世纪初还在制造。纽科门大气式蒸汽机的热效率很低,这主要是由于蒸汽进入气缸时,在刚被水冷却过的气缸壁上冷凝而损失掉大量热量,因此,只在煤价低廉的产煤区才得到推广。

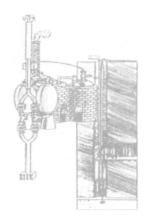

图 3-9 萨弗里的蒸汽抽水机

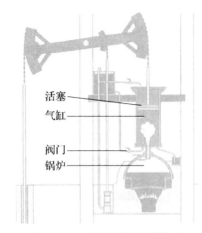

活塞

气缸

阀门

锅炉

图 3-10 纽科门大气式蒸汽机

1763 年,英国人詹姆斯·瓦特 James Watt(如图 3-11)开始针对纽科门大气式蒸汽机的缺点研究新的蒸汽机,并在 1774 年研制出世界上第一台真正意义上的动力机械蒸汽发动机,如图 3-12 所示。为此,瓦特花费了 30 多年的心血,这是历史性的进展,而自动车辆的诞生也因此有了实现的可能。

图 3-11 詹姆斯·瓦特

图 3-12 瓦特的蒸汽机

3.1.3 蒸汽机汽车的发明

1763 年,法国陆军大尉尼古拉斯·古诺(Nicholas Cugnot)所在的兵工厂生产出一种炮身由生铁铸成的大炮,需要几匹强壮的马才能拉动。古诺希望将蒸汽力作为拉大炮车辆的牵引力,并且向陆军部提出了制造一台样机的建议。经过 6 年努力,1769 年,古诺制成了他设想中的蒸汽机汽车,如图 3-13 所示。蒸汽机汽车的车身拥有很重的木制框架,前面支撑着一个大锅炉,后面是两个气缸,锅炉产生的蒸汽送入气缸,推动着装在里面的活塞上下运动,再通过曲柄把活塞的运动传给装在车框架下面的前轮,操纵前轮转动前进。古诺驾驶着他的蒸汽机汽车真的走起来了,但它的速度只有 4 km/h,比马车慢得多,而且蒸汽机汽车走了 15 min 就停下来了,原因是锅炉里的蒸汽已经用完。古诺只好下车给锅炉添水加煤,等到锅炉里重新喷出蒸汽以后才能继续行进。遗憾的是,在后来的试车过程中,古诺的蒸汽机汽车撞墙而损坏,这也被认为是世界第一起机动车事故。

图 3-13　古诺的蒸汽机汽车

　　蒸汽机汽车虽然存在着速度慢、体积大、热效率不高和污染严重等问题,但它在汽车发展史上仍占有重要的一页,为现代汽车的诞生奠定了坚实基础。

3.1.4　内燃机的发明

　　鉴于蒸汽机过于笨重、起动慢和热效率低等问题,在 17 世纪末就已经有人提出制造内燃机的想法。经过 150 多年的不懈努力,终于在 19 世纪中叶,人们看到了内燃机出现的曙光。

　　1862 年,法国工程师罗夏在本国科学家卡诺(Sadi Carnot)研究热力学的基础上,提出了四冲程内燃机的工作原理。活塞下移,进燃气;活塞上移,压缩燃气;点火,气体迅速燃烧膨胀,活塞下移做功;活塞上移,排出废气。四个冲程周而复始,推动机器不停地运转。罗夏只是天才地提出了四冲程的内燃机理论,而将这一理论变为现实的是德国发明家尼古拉斯·奥托(Nicolaus Otto,如图 3-14)。

图 3-14　尼古拉斯·奥托

　　1876 年,奥托设计制成了第一台四冲程内燃机,这台内燃机使用煤气作为燃料,采用火焰点火。它具有体积小、转速快和热效率高等优点,与现代内燃机的原理已经非常接近,是第一台能代替蒸汽机的实用内燃机。为了纪念奥托的发明,内燃机工作过程中的进气、压缩、做功、排气 4 个冲程的循环方式被称为"奥托循环"(Otto cycle)。

　　煤气内燃机虽然相比蒸汽机具有很大的优越性,但在社会化大生产情况下,仍不能满足交通运输业所要求的高速、轻便等性能。因为它以煤气为燃料,需要庞大的煤气发生炉和管道系统。而且煤气的热值较低(约为 1.75×10^7 J/m³ ~ 2.09×10^7 J/m³),故煤气内燃机转速慢,比功率小。到 19 世纪下半叶,随着石油工业的兴起,用石油产品取代煤气作为内燃机的燃料已成为必然趋势。

图 3-15　第一台汽油机

　　1883 年,德国人戈特利布·戴姆勒(Gottlieb Daimler)在好友威廉·迈巴赫(Wilhelm Maybach)的帮助下,在奥托四冲程发动机的基础上,使用汽油作为燃料,通过改进开发了第一台汽油内燃机(简称汽油机),如图 3-15 所示。后来他们还制成了世界上第一台轻便小巧的化油器式、电点火的小

型汽油机,转速达到了当时创纪录的 750 r/min,这也为汽车找到了一种最为理想的动力源。

1897 年,德国工程师鲁道夫·狄赛尔(Rudolf Diesel,如图 3-16)摘取了"柴油机发明者"的桂冠,他成功地试制出世界上第一台柴油机,如图 3-17 所示。1892 年,狄赛尔经过多年研究,提出压燃式内燃机原理,为柴油机的诞生奠定了理论基础。后来,狄赛尔经过多年不懈努力,克服了重重困难,终于在一片指责和质疑声中将柴油机变为现实。柴油机是动力工程方面的又一项伟大的发明,它比汽油机油耗低 1/3,是汽车的又一颗机能良好的"心脏"。后人为了纪念狄赛尔的功绩,将柴油机称为"狄赛尔"(英语 diesel 即柴油机的意思)。现在许多汽车后面可以看到 DIESEL 的字样,就表示这是一辆柴油发动机汽车。

图 3-16 鲁道夫·狄赛尔　　　图 3-17 第一台柴油机

3.1.5 第一辆汽车的诞生

世界上最早的实用汽车是由德国两个工程师同时宣布制成的。卡尔·本茨发明了三轮汽车,戈特利布·戴姆勒制造了四轮汽车,他们二人都被世人尊称为"汽车之父"。本茨与戴姆勒的成功也是"站在巨人的肩膀上取得的"。早在第一辆汽车发明之前,与它相关的许多发明就已经出现了,如充气轮胎、弹簧悬架、内燃机点火装置等。客观地说,汽车并不是某个人发明的,而是科技进步到一定阶段的必然结果,是许多发明和技术的综合运用。

1. 卡尔·本茨的第一辆汽车

1886 年,卡尔·本茨(如图 3-18)在德国曼海姆制成了世界上第一辆三轮汽车,如图 3-19 所示。1886 年 1 月 29 日,本茨正式取得德国的汽车专利证书,如图 3-20 所示,这一天也被公认为汽车的诞生日。

卡尔·本茨的发明最初被人们所怀疑,当时曼海姆的报纸甚至把他的汽车贬低为无用可笑之物。卡尔·本茨的夫人为了回击一些人的讥讽,于 1888 年 8 月带着两个儿子进行驱车实验。他们从曼海姆出发,途经维斯洛赫添加燃油和水,直驶普福尔茨海姆,全程 144 km。这次历程为本茨的发明增添了说服力,本茨的夫人成为历史上第一位女驾驶员,而维斯洛赫则成为历史上第一个汽车加油站。

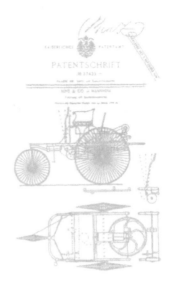

图 3 - 18　卡尔·本茨　　　　图 3 - 19　卡尔·本茨的三轮汽车　　　图 3 - 20　卡尔·本茨的专利证书

2. 戈特利布·戴姆勒的第一辆汽车

1886 年,戈特利布·戴姆勒(如图 3 - 21)发明了第一辆四轮汽车,如图 3 - 22 所示。戴姆勒是一个机器迷,他做过铁匠和车工,也上过几年技术学校。他长期在内燃机发明者奥托领导下的奥托-朗根公司从事技术工作,对奥托内燃机(固定式煤气发动机)的研制做出了重要的贡献。戴姆勒对汽油发动机更感兴趣,他认为奥托内燃机虽然重量大、转速低,但只要稍加改动就可装在汽车上使用。然而,奥托本人却目光短浅,墨守成规,他看到当时制造煤气发动机销路比较好,所以不同意改进。

图 3 - 21　戈特利布·戴姆勒　　　　　图 3 - 22　戴姆勒的四轮汽车

1881 年,戴姆勒辞去奥托-朗根公司的一切职务,转而与威廉·迈巴赫合作开办了当时世界上第一家所谓的汽车工厂,开始研究一种"轻便快速"发动机的设计方案。1883 年 8 月 15 日,戴姆勒成功发明了世界上第一台"轻便快速"运转的内燃机。这台发动机每马力(PS,$1PS \approx 735.5W$)能带动 80 kg 重物,达到了相当高的转速。戴姆勒并没有就此满足,他想创造一种"所

图 3 - 23　世界第一辆摩托

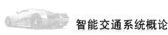

有车辆都能使用的自动推进器"。1885 年,他又研制出第二台立式单缸内燃机,功率达到了 1.1 马力,他立刻将自己的发明装到一辆"骑士"牌自行车上,世界上的第一辆摩托车就此诞生,如图 3 - 23 所示。

1886 年,戴姆勒又将马车加以改善,增添了传动、转向等必备机构,安装上一台 1.5 马力的汽油发动机,使其成为世界上第一辆没有马拉的"马车"——汽车。这辆车以 14.4 km/h 的"令人窒息"的速度从斯图加特驶向了康斯坦茨,第一辆实用汽车终于诞生了。

3.2　世界汽车工业的发展

汽车工业通常指发动机、底盘、车身等各种零部件设计、制造与营销等所涉及的企业和企业活动。汽车工业的成长经历了漫长的萌芽和发育时期。汽车诞生在欧洲,但是,以大规模生产为标志的汽车工业形成在美国,以后又扩展到欧洲、日本直至世界各国。汽车的不断改进和汽车工业的不断发展,大大地改变了人类生活。汽车工业和汽车技术得以发展,离不开各国人民发挥各自的智慧和才能,是世界人民共同努力的结果。

3.2.1　汽车工业史上的四次重大变革

1. 流水线生产方式的出现

1903 年,福特汽车公司(Ford Motor Company)诞生。美国汽车大王亨利·福特(Henry Ford)首先提出并实现了"让汽车成为广大群众的需要"。福特汽车公司积极研制结构简单、实用,同时性能完善而售价低廉的普及型轿车。

1908 年 10 月,福特汽车公司正式投产 T 型汽车,如图 3 - 24 所示;1913 年创建世界上第一条汽车装配生产流水线,如图 3 - 25 所示,并实行了工业大生产管理方式,实现了产品系列化和零部件标准化。1914 年,福特汽车公司年产量达到 30 万辆,1926 年达到 200 万辆,而每辆汽车的售价由首批的 850 美元下降到 1923 年的 265 美元。到 1929 年 T 型车停产时,共计生产了 500 万辆。

图 3 - 24　福特 T 型汽车

图 3 - 25　福特第一条汽车装配生产流水线

福特 T 型车使汽车在美国得到了普及,让汽车进入了美国普通家庭。福特生产 T 型车的经验不仅为美国,甚至为世界汽车工业的发展奠定了基础,福特汽车公司因此被誉为

"汽车现代化的先驱"。从那时开始,汽车工业才有条件发展为世界性的成熟产业,现代流水线的生产方式(如图3-26)也成为其他汽车厂商争先效仿的生产方式。

图3-26 现代化的汽车生产流水线

美国汽车工业的形成和发展与当时美国在资本、国民收入、石油资源、市场等各方面都存在优于欧洲的具体条件有关,加之美国政府十分重视国民交通工具的现代化,有意识地引导人们购买汽车。巨大的国内市场促成了美国汽车工业的大发展,出现了一大批汽车公司,诸如后来闻名世界的通用汽车(General Motors)公司、克莱斯勒(Chrysler)公司等,最多时美国曾有181家汽车厂。到了1927年,经过残酷的市场竞争仅存留了44家,其中福特、通用、克莱斯勒三大汽车巨头公司的销售量占美国汽车总销售量的90%以上。美国汽车工业的突飞猛进,也使美国首先进入了现代化。

2. 汽车产品的多样化

第二次世界大战以前,西欧各国的汽车年产量仅为北美的11.5%;到战后的1950年,这一数字提高到16%;而到1970年,北美仅生产749.1万辆,而西欧各国却超过北美产量的38.5%,达到1037.8万辆。许多欧洲汽车厂家,如德国大众、奔驰、宝马,法国雷诺、标致、雪铁龙,意大利菲亚特,瑞典沃尔沃等,均已闻名遐迩。欧洲汽车工业的大发展使世界汽车工业的重心逐步由美国移向欧洲。

欧洲汽车工业既有美国式汽车工业大规模生产的特征,又有欧洲式汽车工业多品种、高技术的优势。如发动机前置前驱动、发动机后置后驱动、承载式车身、微型节油车等,尽量满足不同的道路条件、国民爱好等要求,因而形成了由汽车产品单一到多样化的变革。针对美国车型单一、体积庞大、油耗高等弱点,欧洲各国利用本国的技术优势,开发多品种和轻便普及型汽车,形成了多姿多彩的新型车。其中最具代表性的是德国大众公司的甲壳虫普及型轿车,如图3-27所示。

图3-27 大众公司的甲壳虫普及型轿车

在这一时期,汽车工业保持了大规模生产的特点,世界汽车保有量激增。汽车技术的科技含量增加,汽车品种进一步增多。汽车工业界对于汽车造成的安全问题、污染问题,在政府的督促和支持下制定了许多对策,并使汽车在结构、性能等方面都得到了大幅度提高。

3. 精益的生产方式

日本汽车工业在 20 世纪 50 年代形成完整体系,20 世纪 60 年代是其突飞猛进的时期。1960 年,正当美国与欧洲的汽车工业激烈竞争时,日本推行了终身雇佣制及全面质量管理体系,促进了劳动者与管理者之间的相互信任,提高了人员素质,调动了积极因素,使工业发展出现了飞跃。特别是汽车工业,出现了有名的"丰田生产方式"(TPS, Toyota Production System),从而在生产组织管理上产生了新的突破,生产出高质量、低消耗、廉价精巧、多品种的汽车,畅销全世界。

图 3-28 丰田卡罗拉

20 世纪 70 年代的两次石油危机使日本意识到包括能源在内的资源短缺是日本的致命弱点,于是,日本政府不断强化汽车法规。1978 年修改的排放及噪声法规是世界最严格的相关标准,从而迫使日本汽车工业放弃了向"大功率、高车速、豪华大型"发展的意图,形成了经济、实用的日本汽车风格,代表车型如丰田卡罗拉等,如图 3-28 所示。与此同时,日本政府对国外进口汽车进行严格限制,并鼓励各公司积极引进美国汽车技术,从而保护了日本的民族汽车工业。

日本人对世界汽车工业的最大贡献就是开创了"精益生产方式"。这种精益生产方式就是用精益求精的态度和科学的方法来控制和管理汽车的设计开发、工程技术、采购、制造、储运、销售和售后服务的每一个环节,从而达到以最小的投入创造出最大价值的目的。这其中的每一个环节以及各环节之间的衔接都是经过精心筹划和计算的。日本人的这一创举具有划时代的意义。如日本丰田汽车公司的"丰田生产方式",日产汽车公司的"活动板生产方式",五十铃公司的"流通生产法"等,这些生产方式的目的都是减少生产过程中的浪费,最大限度地降低成本,加快资金周转,使产品更具竞争力。日本的这种先进生产方式目前已为各国所效仿。

1980 年,日本汽车年产量首次突破 1000 万辆大关,达到 1104 万辆,一举超过美国成为世界第一。到 1987 年,日本汽车的年总产量占世界汽车年总产量的 26.6%,而美国和欧洲四国(英国、法国、德国和意大利)分别占 23.7% 和 24.8%。此时,世界汽车工业的重心已移向日本。

当前,尽管世界汽车市场日趋饱和,但日本汽车仍以其优越的性能、合理的价格、可靠的质量、完善的电子设施、低排放、低油耗和多样化的品种不断地扩大其在世界汽车市场的占有率。

4. 汽车工业走向世界

韩国最早从事汽车生产的公司是起亚汽车公司,始建于 1944 年 12 月。在第二次世界大战后,由于政治局势动荡,公司长期处于不景气的状态。韩国汽车工业的真正起步是在 20 世纪 60 年代初,各汽车厂商以组装进口零部件生产整车的方式开始试制汽车,直到 1970 年,韩国的汽车年产量仅为 2.8 万辆。

进入 20 世纪 70 年代,韩国政府实行"汽车国产化"政策,各汽车公司开始大规模引进国外生产技术。1973 年,现代汽车公司引进日本三菱公司发动机、传动系统和底盘技术,1975 年便开始自己开发生产汽车,并大量向非洲出口。1972 年,大宇汽车公司与美国通用汽车开始合资;1990 年,第一辆自主设计的名为"王子"的国产车推出并在市场取得成功;1992 年,大宇汽车公司解除了与通用 20 年的合作关系。国产化政策使韩国的汽车工业获得了飞速发展。1985 年,韩国的汽车年产量为 37 万辆,1986 年达到 60 万辆,1988 年,韩国汽车年产量突破 100 万辆,1995 年达到 240 万辆,1997 年达到 280 万辆。韩国汽车工业形成了现代(现代伊兰特轿车如图 3-29)、起亚、大宇、双龙四公司鼎足的市场格局,韩国因此一跃成为世界汽车生产大国。

图 3-29 现代伊兰特轿车

随着韩国汽车国产化的实现,韩国政府又实施出口导向战略,从 20 世纪 80 年代开始,韩国汽车开始大量出口。到 1995 年,汽车出口量为 110 万辆,在世界汽车出口国中排名第六。

3.2.2 世界汽车工业的基本格局

从 20 世纪 90 年代后期起,全球汽车工业格局有两个最重要特点:一是汽车企业资产重组与联合兼并;二是汽车生产正在从传统的、成熟的汽车市场转向新兴的汽车市场。这一系列变化导致全球汽车工业将可能出现新的"6+3+X"的格局。

传统意义上的"6+3",是指全球乘用车市场上,被 6 个汽车集团或联盟和 3 个大型独立的企业所垄断。6 个汽车集团或联盟是指通用-菲亚特-铃木-富士重工-五十铃联盟、福特-马自达-沃尔沃轿车集团、戴姆勒-克莱斯勒-兰菱集团、丰田-大发-日野集团、大众-斯堪尼亚集团和雷诺-日产-三星集团,3 个大型独立企业是指本田、标致-雪铁龙和宝马。然而,时过境迁,传统意义上的"6+3"早在 2005 年开始就发生了显著的变化。

通用在 2005 年 2 月以 15 亿美元的代价放弃了菲亚特的股份;2005 年 10 月,通用卖掉全部富士重工的股份;2006 年 4 月,通用清空了五十铃的股份;在 2006 年和 2008 年分两次卖掉了所持铃木的全部股份;进入破产保护程序后的通用又相继将欧宝和萨博出售。戴姆勒-克莱斯勒集团也在 2007 年解体。传统意义上的"6+3"中并没有现代-起亚,而 2008 年现代-起亚的全球销量为 415 万辆,以近 40 万辆的显著优势排在本田之前,位居全球汽车销量第六。2009 年,现代-起亚全球销量为 463 万辆,排在世界第五。传统意义上的"6+3"早已不复存在,全球汽车业的新版图一直在进行着小幅调整。

新的 6 大集团包括日本丰田集团、德国大众集团、新通用、福特、日欧联合企业雷诺-日产联盟及新的菲亚特-克莱斯勒联盟(这个联盟可能还会增加新的成员)。新的 3 小集团包括现代-起亚、本田和标致-雪铁龙。另外,戴姆勒、宝马和包括铃木在内的多家日本

汽车企业,不断成长的中国和印度新兴市场的汽车工业也是全球汽车版图中不可忽视的力量,成为世界汽车工业格局中的"X"因素。

3.2.3　世界汽车工业的发展趋势

世界汽车工业的发展表现为三个特点:第一,世界汽车年产量在波动中增长,产品结构逐年有所变化;第二,跨国企业为实现新兴市场的扩张不断调整战略布局,全球化成为必然趋势;第三,世界汽车技术进步的步伐越来越快,汽车工业正处于科技创新时代。

1. 世界汽车年产量在波动中增长

2004—2013年世界汽车年产量的变化如图3-30所示。2013年世界各地区汽车年产量见表3-1。

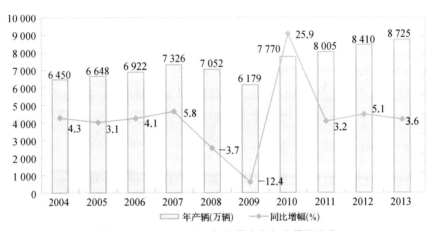

图3-30　2004—2013年世界汽车年产量的变化

表3-1　2013年世界各地区汽车产量明细

排名	国家和地区	乘用车/辆	商用车/辆	合计/辆	同比增幅
1	中国	18085213	4031612	22116825	14.80%
2	美国	4346958	6698944	11045902	6.90%
3	日本	8189323	1440747	9630070	−3.10%
4	德国	5439904	278318	5718222	1.20%
5	韩国	4122604	398825	4521429	−0.90%
6	印度	3138988	741950	3880938	−7.00%
7	巴西	2742309	998109	3740418	9.90%
8	墨西哥	1771987	1280408	3052395	1.70%
9	泰国	1122780	1409797	2532577	4.30%
10	加拿大	965191	1414615	2379806	−3.40%

从全球的汽车生产格局看,美国、日本、德国、法国四个老牌汽车强国的产量一直占全球汽车产量比重最大。虽然近几年这几个老牌汽车强国的产量比重逐步下降,日本甚至出现了一定程度的负增长,但在 2013 年,这几个老牌汽车强国的产量仍占世界汽车总产量的四分之一左右。

金融危机以来,欧美国家汽车产量增速缓慢,甚至出现大幅度的下滑。亚太新兴国家发展势头强劲,产量快速增长。包括中国、韩国、印度、巴西和墨西哥等在内的新兴国家的汽车产量比重逐年上升,汽车产量的增长态势直逼老牌汽车强国。

2. 世界汽车工业全球化成为必然

汽车工业是国际性产业,各汽车厂商资产重组、联合兼并成立跨国公司,即汽车工业全球化。全球化包括汽车开发的全球化、销售战略的全球化和销售服务的全球化。汽车产业的全球化,集中体现在两个显著而又相互关联的特征上。

汽车产业链,包括投资、研发、生产、采购、销售及售后服务等主要环节的日益全球化。具体体现为国际主要汽车制造公司利用全球资源,实现投资、开发、生产、采购和销售的优化配置,以适应各地区不同环境和市场偏好的需要。产业链中主要环节的分布,不再局限于一国的地理范围,而是日趋立足于全球平台操作。例如,过去跨国公司在本国建立、保持研发机构,对于目标国市场采取复制产品的方式进行投资,而现在则采取将各个功能活动和能力分配给全球市场的方式。也就是说,不同国家市场多样性的重要性优先于产品的设计和开发,全球化经营已成为跨国公司在全球竞争舞台上生存和发展的方向性战略。另一方面,汽车产业的政府发展战略从过去主要依赖本国的生产能力、知识、人力资源、基础设施、零部件供应商、市场特征和顾客偏好,转向利用从国际竞争意义上理解的本国比较优势,进而采取比较优势战略和开放型竞争战略。

巨型汽车企业之间的大规模重组。全球化推动了跨国公司之间的联合兼并与战略联盟的形成。近年来的汽车企业重组呈现出两个重要趋势。一是跨国界、跨地区的重组与联合,特别是汽车工业先进国家之间的重组。例如,西欧企业与美国企业的重组,西欧企业与日本企业、美国企业与日本企业的重组等。二是重组集中发生在规模庞大的跨国公司之间,重组的规模也远远超过以往。其结果实质性地改变了传统的资源配置方式、产业竞争模式和产业组织结构,并使各国特别是发展中国家以往的汽车产业发展战略和相关政策面临严峻挑战。

3. 汽车工业正处于合作、竞争与创新时代

汽车市场的竞争实质上是现代科技的较量,是技术创新的竞争。面对激烈竞争的汽车市场,企业若要保持技术竞争优势,就必须加大研究和开发力度,但所需费用十分庞大,有时单独一家企业难以应付,因而往往开展技术联盟,实现优势互补,共享技术成果。据统计,汽车工业中 95% 的联盟都是技术联盟,其中 50% 侧重于跨国研究和开发。

例如,在提倡环境保护的今天,汽车环保技术的开发和应用在某种程度上可能左右一家汽车公司的未来命运。目前的汽车环境保护技术以燃料电池车和混合动力车为代表,但无论是燃料电池车还是混合动力车,其开发费用都将超过 90 亿美元,一家企业很难应付。通用汽车公司曾因 20 世纪 90 年代后期集中精力开发燃料电池车,而忽略了混合动

力车的开发,导致目前其混合动力车开发远远落后于日本汽车公司,失去了一大块市场。通用汽车公司曾表示,由一家公司独自完成复杂的环保技术开发几乎是不可能的。

日、美、欧等国的汽车制造商目前正在着手利用网络技术进行新型汽车从计划、设计到生产的电子开发。实施这种跨区域、跨系统、众多企业同时参与的电子开发,将会不断扩大企业合作关系,缩短开发时间,减少经费。

3.3 中国汽车工业发展

1956 年 7 月,中国人自己制造的第一辆汽车——"解放"牌载货汽车从长春一汽总装线上盛装下线,中国的汽车工业从此开始起步,开启了中国汽车工业滔滔不息的源头。半个多世纪的风风雨雨,中国汽车工业经历了从自力更生到打开国门,从寻找合资到民族自主品牌的逐渐成熟,从无到有,从小到大,从诞生、成长到成熟的螺旋式的发展历程。

3.3.1 中国汽车工业的诞生

1. 旧中国汽车工业的背景

1901 年,匈牙利人李恩思将两辆美国生产的奥兹莫比尔(Oldsmobile)汽车从香港运到上海,从此,中国开始出现汽车。翌年,上海市政府颁发了中国第一块汽车牌照。

1902 年,袁世凯为取悦慈禧太后,通过香港购置了一辆第二代奔驰轿车(如图 3 - 31)送给慈禧太后,慈禧成为中国历史上的第一位有车族。

最早提出要建立中国汽车工业的是孙中山。他在 1912 年江阴视察江防工作时曾做了名为"关于道路与自动车建设"的专题报告,阐明了修筑公路、开办长途客货汽车运输对发展经济的重要作用。1920 年,孙中山在《建国方略》中正式提出"建造大路、发展自动车工业"的国家发展方略。

张学良将军是中国历史上第一个实际组织生产国产汽车的人。1927 年,张学良在沈阳的兵工厂开始试制汽车,于 1931 年 5 月成功制成了一辆"民生"牌载货汽车,如图 3 - 32所示。

图 3 - 31 第二代奔驰轿车

图 3 - 32 "民生"牌载货汽车

1931 年"九一八"事变爆发,日本入侵了东北三省,扼杀了中国汽车工业的萌芽。日本却借机盗取成果,成立了"同和汽车株式会社"。到 1945 年日本投降,已达到年产量 5000 辆的生产能力。旧中国的汽车工业的各种努力均以失败告终。至 1949 年,中国历年累计进口汽车 7 万余辆,当时的汽车保有量为 5 万余辆,但产品可以说是"万国汽车"。

2. 新中国汽车工业的建立

中华人民共和国的成立,为中国汽车工业开辟了新的道路。毛泽东、周恩来等第一代国家领导人亲自筹划建立中国自己的汽车工业。中国汽车工业从 1953 年开始建设到现在,经过几代人的艰苦奋斗,已经进入了快速发展的高速路。

（1）汽车工业的筹划

1950 年 1 月,毛泽东、周恩来率领中共中央代表团访问苏联,商定苏联援助中国建设 156 项重点工程,其中包括建设一座现代化汽车厂。

1950 年 3 月,重工业部设置了汽车工业筹备组,主要负责人有郭力、孟少农等。

1951 年 4 月,国务院财经委员会批准第一汽车制造厂在长春兴建。

1952 年 11 月,党中央任命饶斌（1913—1987,如图 3 - 33）为第一汽车制造厂厂长。饶斌是中国汽车工业的奠基人,也被誉为"中国汽车之父"。

1953 年 6 月,毛泽东签发《中共中央关于力争三年建设长春汽车厂的指示》。

图 3 - 33 饶斌

（2）第一汽车制造厂的建立

1953 年 7 月 15 日,在吉林省长春市孟家屯举行了隆重的第一汽车制造厂建设奠基典礼,如图 3 - 34 所示。毛泽东亲笔题词"第一汽车制造厂奠基纪念",中国第一汽车制造厂的建设拉开了帷幕。经过建设者们的艰苦努力,仅仅用了三年时间,便在历史的空白处凿出国产汽车的源头。1956 年 7 月 13 日,第一辆解放 CA10 型载货汽车（如图 3 - 35）成功下线,这标志着中国不能制造汽车的历史从此结束,为中国汽车工业树立了不朽的丰碑,"一汽"也被誉为"中国汽车工业的摇篮"。

图 3 - 34 第一汽车制造厂建设奠基典礼

图 3 - 35　解放 CA10 型载货汽车

3.3.2　中国汽车工业的完整化

1. 五个生产基地的成立

1966 年,中国汽车工业已形成第一汽车制造厂、南京汽车制造厂、上海汽车制造厂、济南汽车制造厂、北京汽车制造厂五个汽车生产基地,基本填补了汽车各类车型的空白。

(1) 南京汽车制造厂。南京汽车制造厂的前身是国民政府的枪炮修理厂。1958 年 3 月 10 日,该厂生产出第一辆跃进 NJ130 轻型载货汽车,如图 3 - 36 所示。跃进 NJ130 型汽车投产后成为当时中国轻型载货汽车的主力车型。

(2) 上海汽车制造厂。20 世纪 50～60 年代,中国迫切需要一种普及型的公务轿车。1958 年 9 月,第一辆国产凤凰牌轿车诞生,开创了上海制造汽车的历史。1964 年,凤凰牌轿车更名为上海 SH760,如图 3 - 37 所示,该车一直到 20 世纪 80 年代桑塔纳轿车投产才退出历史舞台。

图 3 - 36　跃进 NJ130 轻型载货汽车

图 3 - 37　上海 SH760 轿车

(3) 济南汽车制造厂。济南汽车制造厂的前身是始建于 1935 年的一家汽车配件厂。1959 年,济南汽车制造厂参照捷克斯柯达 706RT 型 8 t 载货汽车设计出中国的重型载货汽车。1960 年 4 月,试制成功了黄河 JN150 重型载货汽车,如图 3 - 38 所示。

(4) 北京汽车制造厂。中国与苏联关系恶化后,中国人民解放军指挥车失去了供应来源,军委指示尽快开发部队装备用车。1961 年,国防科委批准北京汽车制造厂作为轻型越野汽车的生产基地。1962 年,试制成功第一辆北京 BJ210 轻型越野汽车。1964—1965 年,试制、鉴定定型为 BJ212 轻型越野汽车,如图 3 - 39 所示。

图 3 - 38　黄河 JN150 重型载货汽车

图 3 - 39　BJ212 轻型越野汽车

20 世纪 60 年代中期,全国汽车工业年产能力约为 6 万辆,有载货汽车、越野汽车和轿车等共 9 个主导车型品种。20 世纪 60 年代后期,全国汽车生产企业约 100 多家,但几乎都是仿制国外车型制造。

2. 第二汽车制造厂的建立

1965 年 12 月,第二汽车制造厂筹备处成立。1966 年 5 月 10 日,第二汽车制造厂筹备处在北京召开内地厂址平衡会议,确认第二汽车制造厂厂址位于湖北省十堰市。

1967 年 4 月 1 日,第二汽车制造厂正式破土动工。二汽建设自筹备之初就确定了"聚宝""包建"的方针。二汽的建设,是在特定的历史条件和艰苦的自然环境中进行的。依靠全国人民的支持,各路建设大军在"为民族汽车工业打翻身仗"的宏伟目标指引下,脚踏荒野,风餐露宿,夜以继日,艰苦创业,加速建设。

图 3 - 40　东风 EQ140 型 5 t 载货汽车

1975 年 7 月 1 日,第二汽车制造厂基本建成东风 EQ240 型 2.5 t 越野汽车的生产基地。1978 年 7 月,第二汽车制造厂东风 EQ140 型 5 t 载货汽车(如图 3 - 40)生产基地基本建成,并开始投入批量生产。

3. 川汽和陕汽的建立

1966 年 3 月 11 日,四川汽车制造厂举行开工典礼,厂址选定为四川大足。1966 年 6 月,四川汽车制造厂红岩牌 CQ260 型越野汽车在綦江齿轮厂试制成功。1971 年 7 月,四川汽车制造厂批量投产红岩牌 CQ261 型越野汽车,如图 3 - 41 所示。

陕西汽车制造厂厂址选定为陕西省岐山县麦里西沟。1974 年 12 月 27 日,陕西汽车制造厂生产的延安牌 SX250 型越野汽车(如图 3 - 42)鉴定定型。1978 年 3 月 14 日,陕西汽车制造厂和陕西齿轮厂建成,正式投产延安牌 SX250 型越野汽车。

图 3 - 41　红岩牌 CQ261 型越野汽车

图 3 - 42　延安牌 SX250 型越野汽车

1. 开发矿用自卸汽车和重型载货汽车

1969 年以后，上海、长春、本溪等地进行矿用自卸汽车的试制与生产；安徽、南阳、丹东等地开始生产重型载货汽车。1969 年 7 月，上海汽车制造厂的上海 SH380 型 32 t（如图 3-43）和 SH361 型 15 t 矿用自卸车试制成功。1971 年，第一汽车制造厂试制成功 60 t 矿用自卸汽车。

3.3.3　中国汽车工业的规模化

图 3-43　上海 SH380 型 32 t 矿用自卸车

有了一汽、二汽的经验，全国各地开始积极发展汽车工业，出现了遍地开花的现象。上海、四川、陕西、安徽等地相继建成整车制造厂、零部件厂，生产轻型载货汽车、轻型客车、改装车和专用汽车。20 世纪 70 年代末期，中国汽车年产量为 22 万辆，汽车制造厂为 56 家，汽车行业企业总数为 2379 家，从业人员约为 90.9 万人，汽车工业总产值为 84 亿元。

改革开放后，中国汽车工业进入调整、提高和快速发展阶段。党和政府提出要将汽车工业发展成为国民经济支柱产业。在产量不断提高的同时，应加快进行产品结构调整，引进国外先进技术和资本。轿车工业的迅猛发展拉开了汽车进入家庭的序幕。生产集中度明显提高，汽车年产量高速增长。

1. 发展汽车工业政策的陆续出台

1984 年，中国把汽车工业作为发展国民经济的支柱产业。1994 年 7 月，国务院批准发布了《汽车工业产业政策》。这是中国汽车工业的一部政策性法规，也是中国工业行业第一部政策性法规，它阐明了政策目标和发展重点、产品认证和产业组织、产业技术等有关方面的规定。《中华人民共和国国民经济和社会发展第十个五年计划纲要》《汽车工业"十五"规划》明确提出了"十五"期间中国汽车工业的发展目标。

2. 产品结构调整加快

1987 年，针对汽车工业"缺重少轻，轿车几乎空白"的不利局面，又把轿车工业作为我国汽车工业发展的重点。从 20 世纪 80 年代中期开始，我国确定建立"三大"（上海、一汽、二汽）、"三小"（天津、北京、广州）轿车生产基地，并正式将轿车项目列为国家重点支持项目，中国汽车工业开始了战略转移。

3. 中国汽车企业加速融入全球化大潮

1984 年年初，中美合资北京吉普汽车有限公司成立，开创了中国合资生产整车的先河。上海大众、一汽大众、神龙公司、上海通用等多家大型中外合资轿车企业迅速崛起，并成为中国轿车工业的主力军。

随着中国"入世"，联合重组的浪潮再次席卷中国，中国汽车企业开始加速融入全球化大潮。众多的汽车企业开始寻求与世界汽车巨头的战略联合，新的合资企业也随之纷纷诞生。

4. 汽车企业兼并、联合与资产重组的步伐加快

我国《汽车工业"十一五"规划》中明确提出,到 2010 年,我国汽车工业力争成为国民经济的支柱产业。我国汽车企业兼并、联合与资产重组的步伐加快,形成了以 3 个大型企业集团为龙头和 13 个重点企业集团(公司)为主力军的汽车工业新体制。

"一汽""东风"和"上汽"3 个大型企业集团的总体规模和综合实力的增强,确立了我国汽车工业的龙头地位,其他还有 13 个重点企业集团(具体见表 3-2),中国汽车工业已经形成以大集团为主的规模化、集约化的产业新格局。

表 3-2 中国其他 13 个汽车重点企业集团

企业名称	总部地点	企业名称	总部地点
北京汽车工业控股有限责任公司	北京	天津汽车工业(集团)公司	天津
跃进汽车集团公司	南京	中国重型汽车集团有限公司	济南
庆铃汽车(集团)有限公司	重庆	江铃汽车股份有限公司	南昌
安徽江淮汽车集团有限公司	合肥	长安汽车集团股份有限公司	重庆
哈尔滨哈飞汽车工业集团有限公司	哈尔滨	江西昌河汽车有限责任公司	景德镇
上海通用五菱汽车股份有限公司	柳州	金杯汽车股份有限公司	沈阳
广州汽车工业集团有限公司	广州	—	—

近 20 年来,全国汽车产销量以平均每年 15% 的速度增长,是世界平均速度的 10 倍。中国已成为世界三大汽车生产国之一。2010 年,我国汽车产销双双超过 1800 万辆,分别达到 1826.47 万辆和 1806.19 万辆,同比分别增长 32.44% 和 32.37%,稳居全球产销量第一,见表 3-3。

表 3-3 我国 2004—2013 年度汽车产量及世界排名

年份	2004	2005	2006	2007	2008	2009	2010	2011	2012	2013
产量/万辆	507	570	728	888	935	1360	1826	1842	1927	2212
世界排名	4	4	3	3	2	1	1	1	1	1

中国汽车工业走过了 60 多个春夏秋冬,这条路布满荆棘和坎坷。中国还将发扬艰苦奋斗的精神,不懈努力,抓住历史机遇,开拓中国汽车的下一个 60 年。

☞扫码可见
本章微课

新能源汽车与
汽车新技术

第四章

4.1　汽车基本结构

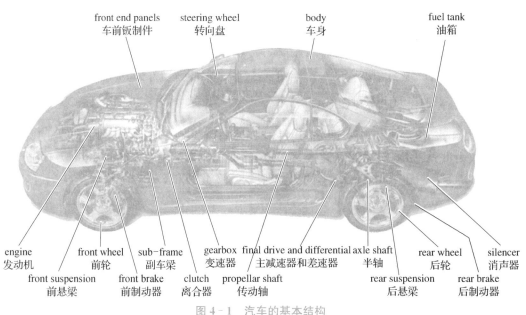

front end panels
车前钣制件

steering wheel
转向盘

body
车身

fuel tank
油箱

engine
发动机

front wheel
前轮

sub-frame
副车梁

gearbox
变速器

final drive and differential
主减速器和差速器

axle shaft
半轴

rear wheel
后轮

silencer
消声器

front suspension
前悬梁

front brake
前制动器

clutch
离合器

propellar shaft
传动轴

rear suspension
后悬梁

rear brake
后制动器

图 4-1　汽车的基本结构

如图 4-1 所示,汽车结构参数包括质量参数(整车装备质量、最大装载质量、最大总质量、最大轴荷质量、质量利用系数等)、尺寸参数(车长、车宽、车高、轴距、轮距、前悬、后悬等)、通过性参数(最小离地间隙、接近角、离去角、纵向通过角、转弯半径等)。

整车技术性能是衡量一辆汽车质量高低的重要依据。汽车技术性能评价指标包括动力性、燃油经济性、制动性、操纵稳定性、操纵轻便性、行驶平顺性、通过性、机动性、排放特性、安全性、噪声和其他使用性能等。

4.1.1　发动机常用术语

1. 止点与活塞行程

(1) 上止点:活塞顶距离曲轴旋转中心最远的位置(如图 4-2)。

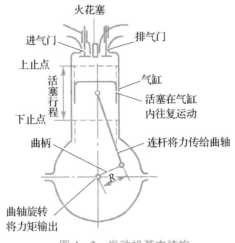

图 4 - 2　发动机基本结构

（2）下止点：活塞顶距离曲轴旋转中心最近的位置。

（3）活塞行程：上、下止点间的距离，用 S 表示。

$$S = 2R$$

2. 气缸容积

（1）燃烧室容积：活塞在气缸内做往复直线运动，当活塞位于上止点时，活塞顶以上气缸盖底面以下的空间，用 V_c 表示。

（2）气缸工作容积：也称为气缸排量，指活塞从一个止点运动到另一个止点所扫过的容积，一般用 V_h 表示，单位为 L。

（3）气缸总容积：气缸工作容积与燃烧室容积之和，用 V_a 表示。

（4）发动机工作容积：多缸发动机所有气缸工作容积之和，也称为发动机排量，用 V_L 表示。

3. 压缩比

气缸总容积与燃烧室容积之比称为压缩比，用 ε 表示。

4. 工作循环

工作循环是指发动机工作时，各气缸每进行一次能量转换所经历的进气、压缩、做功和排气四个过程的循环。

4.1.2　发动机总体结构

车用往复活塞式内燃机一般由曲柄连杆机构、配气机构、燃料供给系统、冷却系统、润滑系统、起动系统和点火系统（柴油发动机无此系统）等组成。发动机的主要性能指标包括动力性指标、经济性指标、结构指标、环保指标和运转指标等。

一、曲柄连杆机构

1. 机体组

由气缸盖罩、气缸盖、气缸垫、气缸体、油底壳组成。机体是构成发动机的骨架，是发

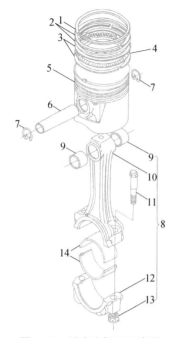

图 4-3 活塞连杆组示意图

1、2-气环；3-油环刮片；4-油环衬簧；
5-活塞；6-活塞销；7-活塞销卡环；
8-连杆组；9-连杆衬套；10-连杆；
11-连杆螺栓；12-连杆盖；
13-连杆螺母；14-连杆轴承。

动机各机构和各系统的安装基础,其内、外安装着发动机的所有主要零件和附件,承受各种载荷。

2. 活塞连杆组

利用气缸燃料爆发产生的力矩推动活塞上下运动,并将此力通过活塞销传给连杆,以推动曲轴旋转,将往复运动转换为旋转运动。活塞连杆组将活塞的往复运动变为曲轴的旋转运动,同时将作用于活塞上的力转变为曲轴对外输出转矩,以驱动汽车车轮转动。它是发动机的传动件,它把燃烧气体的压力传给曲轴,使曲轴旋转并输出动力。活塞连杆组主要由活塞、活塞环、活塞销、连杆及连杆轴承等组成(如图4-3)。

3. 曲轴飞轮组

曲轴飞轮组由曲轴、飞轮、曲轴皮带轮、正时链轮等组成(如图4-4)。① 曲轴的作用将连杆传来的力变成旋转扭矩,经飞轮传给离合器,同时驱动水泵、发电机和凸轮轴等机件工作。曲轴由主轴颈、连杆轴颈、曲轴臂、平衡块、曲轴前端和曲轴后端等部件组成。② 飞轮的作用:贮存做功行程的能量,为非动力行程提供动力,并使曲轴平稳地旋转,以减轻曲轴的振动。飞轮还通过其上的齿圈由起动机起动发动机。它也是离合器的主动盘,即通过飞轮把发动机的动力传给传动装置。飞轮上有上止点和点火正时记号。③ 四行程多缸发动机曲轴每旋转两周,每个气缸做功一次。国产轿车四缸发动机做功顺序大多数为1-3-4-2,极少数顺序是1-2-4-3。

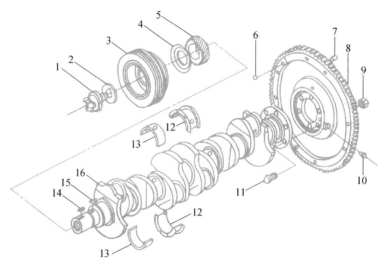

图 4-4 曲轴飞轮组示意图

1-起动爪；2-起动爪锁紧垫片；3-扭转减振器、带轮；4-挡油圈片；5-正时齿轮；6-上止点记号；7-圆柱销；
8-飞轮；9-螺母；10-润脂嘴；11-连接螺栓；12-带轴向止推片的主轴承；13-主轴承；14、15-半圆键；16-曲轴。

二、配气机构

定时开启和关闭各气缸的进、排气门,使新鲜的可燃混合气(汽油机)或空气(柴油机)得以及时进入气缸,废气得以及时从气缸排出。在压缩与做功行程中,关闭气门保证燃烧室的密封。配气机构就是控制发动机进排气的机构,是按照发动机每一气缸内所进行的工作循环和点火顺序的要求,控制发动机燃烧室进排气,包括进气量、进气时间、排气时间,由这些条件来调节、组织燃烧(如图4-5)。

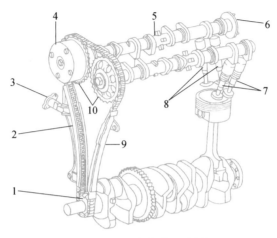

图4-5　配气机构示意图

1-曲轴正时链轮;2-张紧器导板;3-链条张紧器;4-可变配气正时控制器;
5-进气凸轮轴;6-正时转子;7-排气门;8-进气门;9-导链板;10-凸轮轴正时链轮。

三、燃料供给系统

1. 汽油发动机燃料供给系统

根据发动机的工作需要,配制出一定数量和浓度的可燃混合气并送入气缸燃烧(如图4-6)。

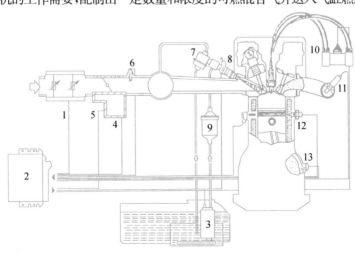

图4-6　汽油发动机燃料供给系统示意图

1-空气流量计;2-电控单元(ECU);3-汽油泵;4-怠速控制阀;5-节气门位置传感器;6-怠速调节螺钉;
7-油压调节器;8-喷油器;9-汽油滤清器;10-点火线圈;11-氧传感器;12-水温传感器;13-曲轴位置传感器。

2. 柴油发动机燃料供给系统

柴油机的燃油供给系统主要功用是使柴油从低压变为高压,并适时、定量地按一定的喷量要求喷入柴油机气缸中,与气缸内空气混合成为可燃混合气(如图4-7)。

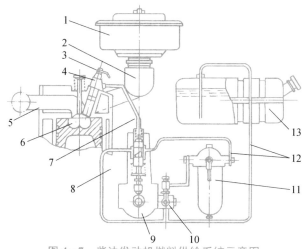

图4-7　柴油发动机燃料供给系统示意图

1-空气滤清器;2-进气管;3-喷油嘴;4-进气门;5-排气管;6-燃烧室;7-高压油管;8-喷油泵回油管;
9-喷油泵;10-输油泵;11-柴油滤清器;12-低压油管;13-柴油箱。

四、冷却系统

汽车冷却系的功用是将受热零件吸收的部分热量及时散发出去,保证发动机在最适宜的温度状态下工作(如图4-8)。

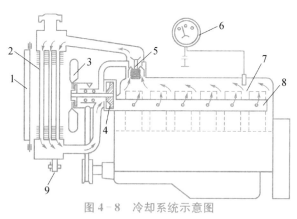

图4-8　冷却系统示意图

1-进气格栅;2-散热器;3-风扇;4-水泵;5-节温器;6-水温表;7-水套;8-配水管;9-散热器放水开关。

五、润滑系统

可使运动零件之间构成油膜接触,冷却作用(利用机油的流动性),清洁作用(循环流动的机油),密封作用(利用机油的黏性),还有防锈作用,除此以外,另有吸振作用。机油可吸收运动副间的振动,从而降低噪声,延长发动机的使用寿命(如图4-9)。

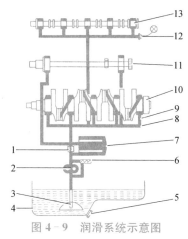

图 4 - 9 润滑系统示意图

1-旁通阀;2-机油泵;3-集滤器;4-油底壳;5-放油塞;6-安全阀;7-机油滤清器;
8-主油道;9-分油道;10-曲轴;11-中间轴;12-机油压力开关;13-凸轮轴。

六、起动系统

起动系统的作用是通过起动机将蓄电池的电能转换成机械能,起动发动机运转。现代汽车发动机以电动机作为起动动力源,由蓄电池、点火开关、起动继电器、起动机等组成。

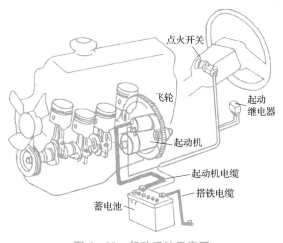

图 4 - 10 起动系统示意图

七、点火系统

点火系统的组成包括蓄电池、点火开关、点火线圈、分电器、火花塞、电阻等。按照气缸的工作顺序定时地在火花塞两电极间产生足够能量的电火花。

4.1.3 底盘总体结构

汽车底盘由传动系统、行驶系统、转向系统和制动系统等组成,底盘参数包括传动系统参数、行驶系统参数、转向系统参数和制动系统参数等。

1. 传动系统

将发动机发出的动力传给汽车的驱动车轮,产生驱动力,使汽车能在一定速度上行驶。

如图 4-11 所示,传动系统的组成部分:① 变速机构:有手动变速机构、自动变速机构;② 差速器:是解决左、右两边车轮转速不同问题的工具;③ 传动轴:将经过变速系统传递出来的动力,传递至差速器进而产生驱动力的机构。

传动系按布置形式分为:前置后驱、后置后驱、前置前驱、全轮驱动。

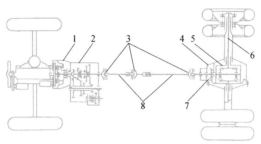

图 4-11 传动系统示意图

1-离合器;2-变速器;3-万向节;4-驱动桥;5-差速器;6-半轴;7-主减速器;8-传动轴。

2. 行驶系统

接受传动系统传来的转矩,并通过驱动轮与路面的附着作用,产生路面对汽车的牵引力;传递并承受路面作用于车轮上的各个方向反力及其力矩。支撑汽车的总质量;缓和冲击,保证汽车平顺行驶,减少振动。汽车行驶系统主要组成部分有车架、车桥、车轮和悬架(如图 4-12)。

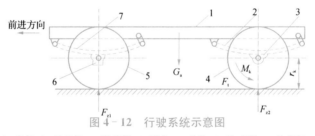

图 4-12 行驶系统示意图

1-车架;2-后悬架;3-驱动桥;4-后轮;5-前轮;6-从动桥;7-前悬架。

3. 转向系统

汽车转向系统的功能就是按照驾驶员的意愿控制汽车的行驶方向。汽车转向系统对汽车的行驶安全至关重要,因此,汽车转向系统的零件都称为保安件(如图 4-13)。

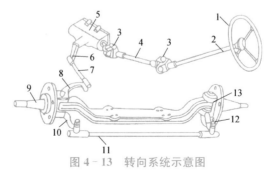

图 4-13 转向系统示意图

1-转向盘;2-转向轴;3-转向万向节;4-转向传动轴;5-转向器;6-转向摇臂;7-转向直拉杆;
8-转向节臂;9-左转向节;10、12-梯形臂;11-转向横拉杆;13-右转向节。

4. 制动系统

使行驶中的汽车减速甚至停车,使下坡行驶的汽车速度保持稳定,使已停驶的汽车保持不动,保障汽车和驾驶人的安全,保证车辆可靠停放。制动系是使汽车的行驶速度可以强制降低的一系列专门装置,主要由供能装置、控制装置、传动装置和制动器四部分组成。制动系按功用分为:行车制动系、驻车制动系、辅助制动系,其中行车制动系是由驾驶员用脚来操纵的,故又称脚制动系,功用是使正在行驶中的汽车减速或在最短的距离内停车(如图 4-14)。

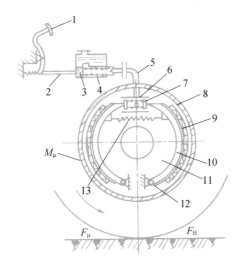

图 4-14 制动系统示意图

1-制动踏板;2-推杆;3-主缸活塞;4-制动主缸;5-油管;6-制动轮缸;7-轮缸活塞;
8-制动鼓;9-摩擦片;10-制动蹄;11-制动底板;12-支承销;13-制动蹄回位弹簧。

4.1.4 汽车车身组成

汽车车身由车身基本组成部件、车身安全防护装置、指示仪表和报警装置及照明和信号装置等组成。

1. 车身基本组成部件

(1) 车身壳体:通常是指纵、横梁和支柱等主要承力零件以及与它们相连接的内部钣金件和外部覆盖件共同组成的空间结构。

(2) 车门、车窗。

(3) 其他开启件、翼子板、前围板。

(4) 车身内外装饰件。

(5) 车身附件。

(6) 座椅及空调装置:座椅由骨架、坐垫、靠背和调节机构等组成。操作调节机构可使座椅前、后或上、下移动和调整靠背相对坐垫的倾斜角度(如图 4-15)。

2. 车身安全防护装置

(1) 加固车身结构。

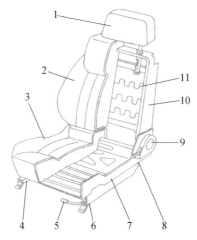

图 4－15　座椅结构示意图

1-头枕；2-靠背；3-坐垫；4-右滑轨；5-调节手柄；6-左滑轨；
7-坐垫骨架；8-坐垫骨架；9-靠背角度调节器；10-靠背骨架；11-弹簧。

（2）保险杠与护条。

（3）侧门防撞杆。

（4）安全玻璃。

（5）门锁与门铰链。

（6）安全带：最有效的安全防护装置，它能在汽车发生碰撞或急转弯时，约束乘员尽可能保持原有的位置而不移动和转动（如图 4－16）。

（7）安全气囊：主要由传感器、微处理器、气体发生器和气囊等部件组成。当汽车发生强烈正面碰撞时，能够在极短的时间内（碰撞开始后的 0.03～0.05 s）从方向盘毂内或仪表板内膨胀出来，垫在方向盘与驾驶者之间，防止驾驶员头部和胸部撞击到方向盘或仪表板等硬物。

（8）头颈保护系统。

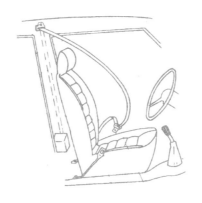

图 4－16　三点式安全带及头枕示意图

3. 指示仪表和报警装置

（1）指示仪表和报警装置作用

用来反映汽车的一些重要运行状态参数,必要时发出警示,保证汽车可靠而安全地行驶,驾驶员行车时应该给予注意(如图 4 - 17)。

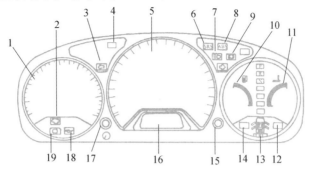

图 4 - 17　广州本田雅阁轿车仪表板

1-转速表;2-故障指示灯;3-转向信号灯;4-巡航控制指示灯;5-车速表;6-SRS 指示灯;
7-远光指示灯;8-ABS 制动指示灯;9-驻车制动与制动系统指示灯;10-燃油表;
11-冷却液温度表;12-座椅安全带提示灯;13-车门和制动灯监视器;14-低燃油指示灯;
15-行程选择/复位按钮;16-里程表;17-亮度调节;18-低机油压力指示灯;19-充电系统指示灯。

(2) 仪表板常见符号(如图 4 - 18)

| 远光 | 近光 | 转向 | 危急 | 刮水器 | 清洗 |

| 刮水器与清洗 | 风扇 | 停车灯 | 前盖 | 后盖 | 阻风门 |

| 喇叭 | 油量 | 水温 | 蓄电池充电 | 机油 | 安全带 |

| 点烟器 | 后窗刮水器 | 后窗清洗 | 驻车制动 | 制动故障 | 除霜、除雾 |

图 4 - 18　仪表板常见符号含义

4.1.5　汽车电气设备

汽车电气设备由电器设备与电子设备组成。电器设备包括电源组(蓄电池、发电机)、发动机起动系统和点火系统、照明和信号装置、仪表、空调、刮水器、音像设备、门窗玻璃电动升降设备等,用于发动机的起动、点火、照明、灯光信号以及仪表等监控装置。

4.2　新能源汽车

由于传统燃油汽车数量的增长带来了石油能源减少、环境污染、城市噪声等问题,于是新能源汽车得到了飞速发展。从普锐斯油电混合动力汽车的风靡开始,全球的汽车企业都把目光聚焦在新能源汽车上。从2012年到现在,每年新能源汽车的产销量不断攀升。正是看好了新能源汽车的发展,全球汽车企业不断加大对新能源汽车的开发力度。

新能源汽车(New Energy Vehicles)正式出现是在我国工业和信息化部2009年6月17日发布的《新能源汽车生产企业及产品准入管理规则》上。在此规则中明确指出:新能源汽车是指采用非常规的车用燃料作为动力来源(或使用常规的车用燃料、采用新型车载动力装置),综合车辆的动力控制和驱动方面的先进技术,形成的技术原理先进,具有新技术、新结构的汽车。该规则于2009年7月1日正式实施。

随着新能源汽车的发展壮大,其包含的范围也越来越广。按照目前新能源技术特点和车辆驱动原理,一般将新能源汽车分为混合动力汽车(Hybrid Electric Vehicle,HEV)、纯电动汽车(Battery Electric Vehicle,BEV)、燃料电池汽车(Fuel Cell Electric Vehicle,FCEV)以及燃气汽车、生物燃料汽车、太阳能汽车和其他能量形式驱动的汽车。

4.2.1　混合动力电动汽车

在国务院2012年6月28日发布的《节能与新能源汽车产业发展规划(2012—2020年)》中明确了我国新能源汽车发展的技术路线是重点推进纯电动汽车和插电式混合动力汽车产业化。

混合动力是指那些采用传统燃料同时配以电机和发动机来改善低速动力输出和燃油消耗的车型(如图4-19)。按照燃料种类的不同,主要又可以分为汽油混合动力和柴油混合动力两种。目前国内市场上,混合动力车辆的主流都是汽油混合动力,而国际市场上柴油混合动力车型发展也很快。

随着人们对混合动力汽车接受程度的提高,未来的几年仍然是混合动力汽车发展的黄金时期。混合动力汽车比内燃机汽车更环保,而且更舒适。低速起步是靠电机直接驱动,使发动机不再需要怠速运转,减少怠速时发动机磨损,只要适当踩下加速踏板,电机马上推动汽车行驶,在到达一定负荷之后,发动机才悄悄介入运转工作中。混合动力汽车能大大提高能量的利用率,电能直接转化成磁力机械能,几乎没有能量损失,目前普通汽油发动机的能量转换比例是40%以下,柴油发动机接近50%,电机的转换比例是99.8%,减少了能量浪费。

图4-19　混合动力汽车示意图

4.2.2　纯电动汽车

纯电动汽车就是采用电力驱动的汽车,电池给电机供电,电机工作驱动汽车行驶。

1. 电池

新能源汽车中电动汽车是现阶段的发展重点,而电动汽车的能量来源就是动力电池,自电动汽车诞生以来,动力电池的性能一直是影响电动汽车普及的关键因素之一,现阶段的动力电池已经能够提供足够大的能量,基本解决了汽车的行驶里程问题。

电池的作用是接收和储存由车载充电机、发电机、制动能量回收装置或外置充电装置提供的电能,并且为驱动电机和其他高压用电设备提供电能,类似于燃油车的油箱(如图4-20)。

(1) 电池成本:车载电池组的价格已经由2011年的1100美元/kW·h下降到了2014年的390美元/kW·h,所以目前电池成本已经下降到市场可以接受的范围。随着技术的进一步发展,电池的成本会进一步下降。

图4-20　新能源汽车电池的作用

(2) 重量:电池的能量密度相对于汽油来说较低,因此,新能源汽车的电池一般都是数百斤。不过现在的电池虽然较重,如比亚迪E6的总重是2295 kg,电池重量超过500 kg;特斯拉Model S的整备质量为2108 kg,其中电池组的重量就占了600 kg,但是其行驶里程基本接近汽油车跑完一箱油的行驶里程,并且通过技术的革新正在不断减轻重量,提升能量密度。

理想的动力电池在不久的将来即将出现,它具有以下几个特性:

(1) 有足够的能量密度,单位体积、单位重量要有足够的容量,这样才能行驶更远的路程。

(2) 有足够的功率密度,单位体积、单位重量能产生足够大的功率,这样车才能加速快。

(3) 能量补充速度要快,充电或者换电都要快,要不然就只能限定在城市通勤,采取白天跑路晚上充电的模式。

(4) 使用寿命要长,进行充放电的循环次数要多,这也决定了车辆的使用寿命。

(5) 动力电池的成本和平均使用成本要低,寿命和价格综合起来要有竞争力。

(6) 电池的稳定性要好。汽车工作的环境很复杂,在高温、严寒以及碰撞等条件下能够保证电池的正常工作。

现阶段的新能源汽车动力电池主要有铅酸电池、镍氢电池和锂离子电池。其中铅酸电池质量大,充电放电功能较差,循环寿命短,此外,铅酸电池含有的重金属铅,对环境的污染比较严重,且在强烈的碰撞下会产生爆炸,对消费者的生命安全构成威胁,因此,铅酸电池将会被淘汰。镍氢电池具有高比功率、充放电流大、无污染、安全性能好等特点,缺点是具有轻度记忆效应,高温环境下性能差,面临淘汰;锂离子电池性能比较高,可以快速充电、高功率放电、能量密度高且循环寿命长,但价格高并且高温下安全性能差。

2. 电机

电机也是新能源汽车的核心部件,就如燃油汽车的发动机一样,但相对于电池,电机简单不少。

新能源汽车上电机需要具有以下特点：

(1) 起动转矩大,保证汽车的良好起动和加速性能;

(2) 恒功率区宽,保证汽车在不同的速度下都能保持最高的效率;

(3) 调速范围大,低速时具有大转矩,高速时具有高功率;

(4) 高效率,效率为 85%～93%;

(5) 能量回收率高;

(6) 尺寸要小;

(7) 可靠性要好;

(8) 制造成本低。

现在电动汽车经常采用的驱动电机有直流电机、交流异步电机、永磁同步电机和开关磁阻电机。最早应用于电动汽车的是直流电机,这种电机的特点是控制性能好、成本低,但是体积大、寿命短、维护麻烦,现在已较少采用。而随着电子技术、机械制造技术和自动控制技术的发展,交流异步电机、永磁同步电机和开关磁阻电机表现出比直流电机更优越的性能,使得这三种电机在新能源汽车上得到了广泛的使用。在发展新能源汽车的国家中,各国在电机的选择上各有倾向。

美国倾向采用交流感应电机(即交流异步电机),其主要优点是结构简单、可靠、质量较小,但控制技术较复杂(如图 4-21)。

日本采用永磁同步电机,其优点是效率高、起动转矩大、质量较小,但成本高且有高温退磁和抗振动差等不足之处(如图 4-22)。

图 4-21　交流感应电机

图 4-22　永磁同步电机

德国大力开发磁阻电机,其优点是结构简单、可靠、成本低;缺点是质量较大,易产生较大噪声(如图 4-23)。

图 4-23　开关磁阻电机

4.2.3　燃料电池电动汽车

燃料电池汽车(Fuel Cell Vehicles,FCV)是一种电动汽车。与普通电池相比,燃料电池本质上是一种发电装置,可以使用多种碳氢燃料作为燃料,例如氢气、甲烷以及甲醇等。与传统汽车相比,燃料电池汽车具有能量转换效率高、运行平稳无噪音、清洁无污染等特点。与纯电动汽车相比,燃料电池汽车具有续驶里程长、低温冷起动性能好和能量补充快等优点。

燃料电池电动汽车的基本组成主要包括燃料电池组、控制系统、驱动系统、辅助动力系统和蓄电池组等(如图 4-24)。

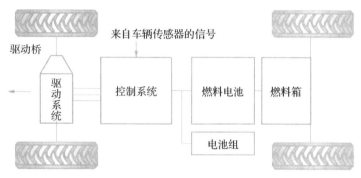

图 4-24　燃料电池电动汽车的组成

4.2.4　太阳能汽车

太阳能发电应用在汽车上,将能够实现真正的零排放,有效降低环境污染。此外,太阳作为能量来源,将是取之不尽的。

太阳能汽车的基本组成:① 太阳能电池组;② 向日自动跟踪器;③ 驱动系统;④ 控制器。

太阳能汽车的工作原理:太阳能汽车上的太阳能电池板在向日追踪器的控制下始终正对着太阳,将太阳光转换成电能并提供给电动机,由电动机驱动汽车行驶。

太阳能在汽车技术上的应用主要体现在两个方面:

(1)作为驱动力,使用太阳能代替传统燃油驱动车辆行驶。此类太阳能汽车已经没有发动机、底盘、驱动桥、变速箱等构件,而是由电池板、储电器和电机组成。

(2)作为汽车辅助设备的能量来源,太阳能和其他能量混合驱动汽车。这类太阳能汽车既有汽油发动机,又有电动机,汽油发动机驱动前轮,太阳能电池板或蓄电池给电动机供电,驱动后轮。

4.3　混合动力电动汽车

4.3.1　混合动力系统组成

混合动力系统的主要部件有发动机、电机、电池和混合动力控制系统。

1. 发动机

混合动力汽车的工作与传统汽车有所不同,混合动力汽车中的发动机大部分时间以高功率运转,而不需频繁改变功率输出。混合动力汽车可以采用四冲程内燃机(包括汽油机和柴油机)、二冲程内燃机(包括汽油机和柴油机)、转子发动机、燃气轮机和斯特林发动机等。

2. 电机

混合动力汽车的电机作为辅助动力来降低燃料的消耗和实现低污染,或在纯电动驱动模式时实现"零污染"。混合动力汽车可以采用直流电机、交流感应电机、永磁电机和开关磁阻电机等,现在主要使用后三种电机。

3. 电池

混合动力汽车具有两个蓄电池系统:一个是 12 V 直流蓄电池系统,它主要是为车上常规的用电器提供电压;另一个是高压直流蓄电池系统,它经过电流转换器将直流电能转换后给电机提供交流电能,同时它还可以将发电机发出的电能经电流转换器转换成直流电后,储存起来。高压直流蓄电池系统储电量和电压随混合动力系统的要求而变化。混合动力汽车的高压直流蓄电池从 36～600 V 不等,所有混合动力汽车设计采用串联连接的蓄电池均是为了获取所需的直流电源电压。

4. 混合动力控制系统

在混合动力汽车上普遍采用以计算机为核心的现代计算机技术和自动控制技术。各种智能控制系统包括自适应控制技术、模糊控制技术(Fuzzy)、专家控制系统(Expert System)和神经网络控制系统(Neural Networks)等。这些技术使混合动力汽车更加安全、节能、环保和舒适。

4.3.2 混合动力汽车动力输出方式

混合动力汽车按照其动力输出方式可以分为普通混合动力汽车、插电式混合动力汽车以及增程式混合动力汽车三种。

1. 普通混合动力汽车

普通混合动力汽车在正常行驶过程中,主要依靠发动机驱动。而在电量充足的条件下,车辆起动或者低速行驶时,完全依靠电机驱动,但是续航里程极短。随着车速提高,发动机开始驱动车辆行驶,当遇到坡道或者急加速时,发动机和电机共同驱动车辆行驶(如图 4-25)。

普通混合动力汽车的动力电池容量很小,如雷克萨斯 CT200h 的动力电池容量为 6.5 A·h(相当于一些强力探照灯的蓄电池),它在纯电模式下最远行驶距离仅为 3 km。因此,混合动力汽车通过制动时回收动能为动力电池充电,或者利用车辆在行驶时发动机的多余功率驱动发电机充电即可,完全不存在纯电动汽车到处找"插座"的困扰(如图 4-26)。

混合动力汽车最大的优点是省油。以凯美瑞为例,混动版百公里油耗在 5 L 左右,而普通版则需要多 1 倍。其次,由于在原有发动机基础上增设一套电驱动系统,混动版的动力性能堪比 3.0 L 发动机车型,而驾驶和维护方面却没有什么变化,基本就是一台"很省油"的普通汽车,可能制动时的拖拽感会稍微明显一点而已(如图 4-27)。

图 4 – 25　普通混合动力汽车结构

图 4 – 26　制动回收动能充电示意图

　　混合动力汽车的不足在于增设的电驱系统多少会占据一定的使用空间,并且座椅不能收倒。如混动版凯美瑞的行李箱比普通版少了大概 1/4 的容积,储物空间有点缩水。

图 4 – 27　混动版凯美瑞电池包位置

2. 插电式混合动力汽车

　　与普通混合动力汽车相比,插电式混合动力汽车只是多个插口能够外接充电。电动机功率要足够大,确保汽车能够以比较高的速度行驶,一般认为需要大于 50 kW。电池容量也要比普通混合动力汽车大得多,足以在纯电模式下跑几十公里(如图 4 – 28)。

　　插电式混合动力汽车的百公里综合油耗比普通混合动力汽车更低,如普锐斯插电版在纯电动模式下可以行驶 30 km,使得百公里油耗低至 2 L,比混动版节油约 3 L(普锐斯混动版和凯美瑞混动版油耗相当)。而且充电时间也不长,一般数小时就可充满。如果能保持良好的充电习惯,用车费用直追电动汽车,并且无须担心任何续航问题。

　　插电式混合动力汽车的动力电池的容量更大,其续航里程更长(一般 50 km 以上)。如比亚迪秦,它在纯电动模式下,理论续航里程能够达到 70 km,基本满足上班族的需要。

图 4 – 28　插电式混合动力汽车结构

同时,插电式混合动力汽车得益于更大功率的电动机辅助,动力性能更加强劲。保时捷 918spyder 百公里加速时间为 2.3 s,即使是定位在普通紧凑型车的比亚迪秦,百公里加速也能突破 6 s。

3. 增程式混合动力汽车

与普通混合动力汽车、插电式混合动力汽车不同的是,增程式混合动力汽车无论什么情况下,都不能由发动机直接驱动车轮行驶,仅能通过电动机驱动。但它也能够像插电式混合动力汽车一样,通过外接电源充电(如图 4 - 29)。

图 4 - 29　增程式混合动力汽车结构

增程式混合动力汽车就是用发动机进行发电,电动机进行驱动的车辆。当电池组电量充足时采用纯电动模式行驶,而当电量不足时,起动车内发动机,带动发电机为动力电池充电,提供电动机运行的电力(即增程模式)。

由于具有插电式混合动力汽车的外接充电优势,增程式混合动力汽车的纯电续航里程也较长,如宝马 i3 纯电版续航里程 160 km,而宝马 i3 增程版可达 300 km 左右。并且在增程模式下,发动机工作在高效转区,其安静程度比普通汽车更好,电动机的低转速高转矩特性也使得车辆的起步和加速性能较好。在增程模式下,宝马 i3 的综合百公里油耗能达到 4 L 左右的水平,起到一定的节能作用。与此同时,增程式混合动力汽车和插电式混合动力汽车一样能够享受国家新能源车补贴政策,但目前只有广汽传祺研发增程式混合动力汽车。

而且,由于发动机不能协同电动机一起驱动汽车,增程式混合动力汽车在高速上的动力表现性能远不及普通混合动力汽车和插电式混合动力汽车,比起普通汽车也仅有起步和加速上的优势而已。

4.3.3　混合动力汽车典型结构

混合动力汽车的结构形式分为串联式、并联式以及混联式三种,其中增程式混合动力汽车只能是串联式结构,而并联式和混联式结构既可以应用于普通混合动力汽车,也可以应用于插电式混合动力汽车。

1. 串联式结构

串联式结构就是发动机和电动机"串"在一条动力传输路径上。串联式结构最大的特点就是发动机在任何情况下都不参与驱动汽车的工作,它只能通过带动发电机为电动机提供电能,如图 4 - 30 所示。

串联式结构是混合动力汽车中结构最为简单的,整体结构相当于纯电动汽车加个汽油发动机,它取消了普通汽车的变速器,结构布置也更加灵活。

但是,发动机的动能需要经过二次转换才能

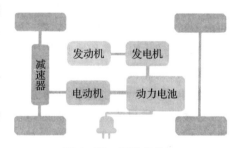

图 4 - 30　串联式结构

为电动机供电,会造成较大的能量损失,使得串联式结构在跑高速时油耗更高。如雪佛兰 VOLT,普通 1.4 L 发动机在高速巡航下百公里耗油 6 L 左右,而 VOLT 却达到了 6.4 L。

2. 并联式结构

并联式结构是在普通汽车的基础上加装一套电能驱动系统(即电动机和动力电池驱动系统),发动机和电动机都能单独驱动车轮,也可以同时工作,共同驱动汽车,当动力电池电量不足时,发动机还能带动电动机反转为电池充电,如图 4-31 所示。

并联式结构靠发动机、电动机或者它们两者共同驱动,保留了变速器,因此,可以简单地理解为:普通汽车+电动机=并联式结构。

目前,市面上卖的混合动力车型,绝大部分采用并联式结构,尤其受跑车厂家的喜爱,电动机和发动机互补,在节油的同时能够极大地提高车的加速性能。

3. 混联式结构

在并联式结构的基础上再加入一个发电机,就是混联式结构,即普通汽车+电动机+发电机=混联式结构。但它没有变速器,通常是一种"ECVT"的行星齿轮结构的耦合单元替代了变速器,起到连接、切换两种动力以及减速增扭的作用。也有一些厂家在混联式结构中使用普通的变速器,如双离合变速器、无级变速器(CVT)等,但是效果远不及这种 ECVT 变速结构,如图 4-32 所示。

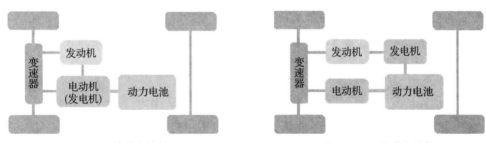

图 4-31 并联式结构　　　　　　图 4-32 混联式结构

而混联式结构在发动机和电动机协同驱动汽车行驶的同时,发动机还能带动发电机为电池充电,并且理论上它能够实现发动机带动发电机发电,电动机驱动汽车的模式。当然,两个动力单元也能够单独驱动车辆。

4.3.4 混合动力控制系统

1. 混合动力汽车控制系统的功能

混合动力汽车一般是传统内燃机汽车的替代和延伸。继承和沿用了很大部分内燃机汽车的传动系统,保留了内燃机汽车的操纵装置,包括发动机控制装置加速踏板、制动踏板、离合器、自动离合器和变速器的操纵装置等。由这些操纵装置发出控制信号,通过中央控制器和各种控制模块,向内燃机的驱动系统或电动机驱动系统发出单独驱动指令或混合驱动指令,来获得不同的驱动模式,按照驾驶人的意图,实现混合动力汽车的起动、行驶、加速、爬坡、减速和制动时驱动模式转换的控制。

2. 混合动力汽车控制系统的组成

① 控制系统：由操纵装置、中央控制器和各种控制模块共同组成。

② 发动机及其驱动系统，以及发动机和发动机驱动系统的控制系统。

③ 电动机及其驱动系统，以及电动机和电动机驱动系统的控制系统。

④ 信号反馈及检测装置：包括各种信号检测装置、显示装置和自诊断系统等。

4.4 纯电动汽车

4.4.1 纯电动汽车的结构

纯电动汽车的结构主要由驱动系统、汽车底盘、车身以及电气设备等部分组成。除了电力驱动控制系统，其他部分的功能及其结构组成基本与传统汽车相同。驱动系统主要由电池、电机和电子控制器系统等组成（如图4-33）。

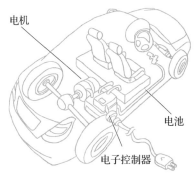

图4-33 纯电动汽车结构组成

纯电动汽车之所以结构简单，是因为纯电动汽车结构上不需要复杂的发动机和变速器等机械部件；电动汽车之所以灵活，其能量传递主要是通过柔性的电线传递的，因此，纯电动汽车各部件的布置具有很大的灵活性。

纯电动汽车驱动系统的几种布置形式如下：

（1）带离合器的传统驱动模式（如图4-34）。跟传统的汽车驱动系统基本一样，只是用动力电池和电机取代了发动机。

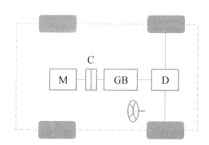

图4-34 带离合器的传统驱动模式

C—离合器；D—差速器；GB—变速器；M—驱动电机。

（2）固定速比减速器的驱动模式（如图 4 - 35）。驱动系统去掉了离合器，电机直接与减速器相连。

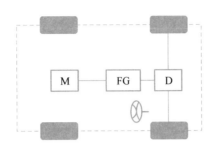

图 4 - 35　固定速比减速器的驱动模式

M—驱动电机；FG—固定速比减速器；D—差速器。

（3）驱动电机与传动同向布置（如图 4 - 36）。驱动电机、固定速比减速器和差速器被进一步整合为一体，布置在驱动轴上，整个驱动传动系统被极大简化和集成化。

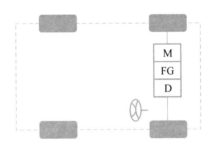

图 4 - 36　驱动电机与传动同向布置

M—驱动电机；FG—固定速比减速器；D—差速器。

（4）双电机整体驱动桥式（如图 4 - 37）。两个独立的牵引电机分别与减速器相连，去掉差速器直接驱动车轮。每个牵引电机单独完成一侧车轮的驱动任务。

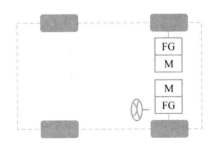

图 4 - 37　双电机整体驱动桥式

M—驱动电机；FG—固定速比减速器。

（5）轮毂或轮边电机驱动（如图 4 - 38）。未来的发展趋势是把车轮与电机集成，进一步减少驱动系统的部件。

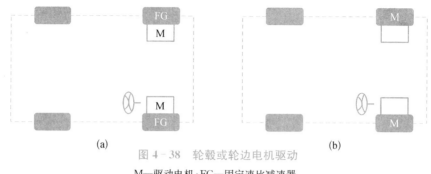

(a)   (b)

图 4 - 38 轮毂或轮边电机驱动

M—驱动电机;FG—固定速比减速器。

4.4.2 电机及其控制系统

电机(Motor)是把电能转换成机械能的一种设备(如图 4 - 39)。电机就像是传统汽车中的发动机,其主要任务是在驾驶人的控制下高效率地将动力电池存储的电能转化为车轮的动能来驱动车辆,或者在制动时,将车轮上的动能转化为电能,反馈到动力电池中,以实现车辆的制动能量回收。电机的优劣关系着电动汽车能否安全、可靠、高效地运行。

图 4 - 39 驱动电机

电机在中、低转速时转矩输出恒定,且数值较大,具有良好的加速性能。内燃机在中高转速时效率最高,随着速度继续增加,效率逐渐降低。

电机与内燃机在输出功率相近时,电机的优势很明显,电机体积小、重量轻、效率高,而且运动部件少、噪声小、维护保养费用低。

结合汽车的工作特点,现在电动汽车普遍采用直流电机、交流异步电机、永磁同步电机和开关磁阻电机。直流电机因为其系统总成本低曾经被广泛使用,但是其缺点也很明显:寿命短,维护麻烦。随着技术发展,交流异步电机、永磁同步电机和开关磁阻电机的表现已经取得了广泛认可。

电机控制器用于检测和控制电机转速、功率变化和温度等参数(如图 4 - 40)。利用这些参数和驾驶人发出的加速、制动踏板命令,将电池提供的直流电转换成用于控制驱动汽车的交流电,实现电流的逆变,从而完成对电机驱动转矩和旋转方向的控制。

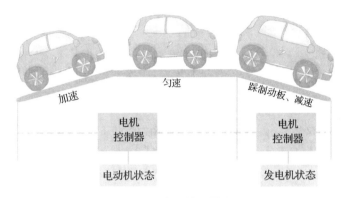

图 4 - 40 电机控制器作用

当汽车加速或匀速行驶时,电机控制器使电机工作在电动机状态,驱动汽车前行。当驾驶人踩下制动踏板、汽车减速行驶时,电机控制器使电机工作处于发电机状态,进行能量回收。

不论是手动挡还是自动挡的燃油汽车,换挡是为了满足汽车不同工况的需求。而电机的大范围调速和较高的过载系数等工作特性决定了它不需要变速器,只是在汽车起步和起步后的低速行驶时,使用一台减速器使电机满足低速大转矩工况要求。

未来的电机可能连减速器也不需要,当技术发展到使电机的功率范围和转速范围被设计成能够满足汽车低速大转矩、高速大功率的行驶需要时,电机就可以直接驱动车轮了。

4.4.3 电控系统

纯电动汽车电控系统是电动汽车的大脑,由各个子系统构成,每一个子系统一般由传感器、信号处理电路、电控单元、控制策略、执行机构、自诊断电路和指示灯组成。在不同类型的纯电动汽车上,电控系统存在一些区别,但总体来说一般都包括能量管理系统、再生制动控制系统、电机驱动控制系统、电动助力转向控制系统以及动力总成控制系统等。各个子系统功能不是简单的叠加,而是综合各子系统的功能来控制电动汽车。整车电控单元相当于人的中枢神经系统大脑,各个传感器相当于人的神经末梢,而 LIN 总线和CAN 总线相当于人的神经网,其他的各个控制模块相当于各个神经网上的各小型神经系统,如运动神经和内脏神经等。通过神经网把车上的各个模块联系在一起,使中枢神经能够很方便快捷地接收和发送各种指令,控制汽车进行各种动作,如图 4 - 41 所示。

随着技术的发展,采用新一代线控技术(X-by-wire)的电动汽车中,CAN 总线技术也不能满足分布式控制系统对通信精确性、稳定性和可靠性的要求。一些高传输速率、高可靠性、通信时间离散度小且延迟固定的车用总线协议开始应用,如 FlexRay、TTCAN 等。

线控技术(X-by-wire):在控制单元和执行器之间用电子装置取代传统的机械连接装置或液压连接装置,由电线取代机械传动部件,取消了机械结构,赋予汽车设计新的空间。

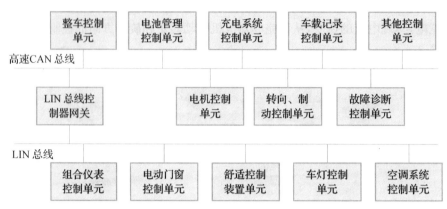

图 4-41　纯电动汽车网络拓扑

线控系统的基本结构原理是:驾驶人的操纵指令通过人机接口转换为电信号传到执行机构,控制执行机构的动作;传感器感知功能装置的状态,通过电信号传给人机接口,反馈给驾驶人。

FlexRay 总线:是一种用于汽车的高速、可确定性的,具备故障容错能力的总线技术,它将事件触发和时间触发两种方式相结合,具有高效的网络利用率和系统灵活性的特点,可以作为新一代汽车内部网络的主干网络。

CAN 总线:控制器局域网络(Controller Area Network,CAN)的简称,是德国 BOSCH 公司 20 世纪 80 年代初为解决现代汽车中众多的控制与测试仪器之间的数据交换而开发的一种串行数据通信协议,它是一种多主总线(多个主机的一种总线通信方式),通信介质可以是双绞线、同轴电缆或光导纤维。通信速率最高可达 1 Mbit/s。

TTCAN 总线:是一种基于 CAN 总线充分利用时间触发与事件触发两种机制优点的新型协议,其具有带宽利用率高、通信延时低以及消息传输可管理等特点。

4.4.4　动力电池

由 1836 年丹尼尔电池的诞生到 1859 年铅酸电池的发明,至 1883 年发明了氧化银电池,1888 年实现了电池的商品化,1899 年发明了镍-镉电池,1901 年发明了镍-铁电池,进入 20 世纪后,电池理论和技术一度处于停滞时期。但在第二次世界大战之后,电池技术又进入快速发展时期。首先是为了适应重负荷用途的需要,发展了碱性锌锰电池,1951 年实现了镍-镉电池的密封化。1958 年 Harris 提出了采用有机电解液作为锂一次电池的电解质,20 世纪 70 年代初期便实现了军用和民用。随后基于环保考虑,研究重点转向蓄电池。镍-镉电池在 20 世纪初实现商品化以后,在 20 世纪 80 年代得到迅速发展。

随着人们环保意识的日益增加,铅、镉等有毒金属的使用受到限制,因此,需要寻找新的可代替传统铅酸电池和镍-镉电池的可充电电池。锂离子电池自然成为有力的候选者之一,1990 年前后发明了锂离子电池,1991 年锂离子电池实现商品化,1995 年发明了聚合物锂离子电池(采用凝胶聚合物电解质为隔膜和电解质),1999 年开始商品化。

将化学能转换成电能的装置叫化学电池,一般简称为电池。电池放电后,能够用充电的方式使内部活性物质再生,把电能储存为化学能;需要放电时再次把化学能转换为电能,这类电池称为蓄电池,一般也称二次电池。

动力电池的作用是接收和储存由车载充电机、发电机、制动能量回收装置或外置充电装置提供的电能,并且为驱动电机和其他高压用电设备提供电能,类似于燃油车的油箱。

动力电池是纯电动汽车的核心部件,也是新能源汽车上价格最高的部件之一。动力电池的性能好坏直接决定了这辆车的实际价值。动力电池一旦失效,车辆就会处于瘫痪状态。动力电池属于高压安全部件,内部机构复杂,工作时需要很苛刻的条件,任何异常因素都将导致动力被切断,因此,在对动力电池进行诊断与测试前,必须经过严格的培训,之后才能对动力电池进行各项作业。

动力电池尽可能放在清洁、阴凉、通风、干燥的地方并避免受到阳光直射,远离热源。动力电池应当水平安装放置,不可倾斜。动力电池组间应有冷却装置,以避免动力电池在使用过程中产生过高的热量而影响其性能或造成损坏,严重者可导致爆炸(如图4-42)。

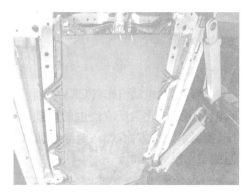

图4-42　北汽 EV160 纯电动汽车动力电池安装位置——车辆底盘

锂电池性能比较高,可以快速充电、高功率放电、能量密度高且循环寿命长,不足是价格高和高温下安全性能差,但是随着锂电池的正负极材料不断开发,技术不断成熟,锂电池将在电动汽车时代发挥主导作用。

锂电池(Lithium battery)是指电化学体系中含有锂(包括金属锂、锂合金和锂离子、锂聚合物)的电池。

1. 锂离子电池基本结构

一般的圆柱形锂离子电池的结构示意图如图4-43所示,正极和负极的活性物质是利用一种被称为 Binder 的树脂胶粘剂固定在金属箔上,然后在其中间夹入隔板后收卷而成。

2. 锂离子电池的工作原理

图4-44是锂离子电池的示意图,它由作为氧化剂的正极活性物质、作为还原剂的负极活性物质、作为锂离子导电的电解液以及防止

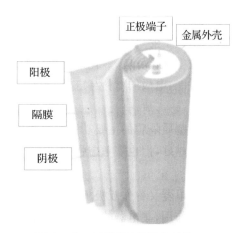

图4-43　典型离子电池的结构

两个电极产生短路的隔板组成,利用正极与负极之间锂离子的移动来进行充电和放电。

向左的反应表示充电,向右的反应表示放电,锂离子为被插入到碳素内的锂,它表示锂离子电池是通过使锂离子在正极和负极之间移动来完成放电和充电的。

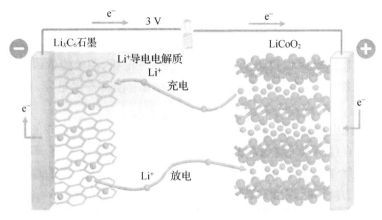

图4-44　离子电池的工作原理

4.5　燃料电池电动汽车

燃料电池电动汽车(FCEV)是利用氢气等燃料和空气中的氧在催化剂的作用下在燃料电池中经电化学反应产生的电能,作为主要动力源驱动的汽车。在车身、动力传动系统、控制系统等方面,燃料电池电动汽车与普通电动汽车基本相同,主要区别在于动力电池的工作原理不同。

4.5.1　燃料电池技术

一、燃料电池的主要组件

1. 电极

电极主要可分为两部分,分别为阳极(Anode)和阴极(Cathode)。燃料电池的电极是燃料发生氧化反应、氧化剂发生还原反应的电化学反应场所,其性能的好坏关键在于催化剂的性能、电极的材料与电极的制备等。

2. 电解质隔膜

电解质隔膜的主要功能是分隔氧化剂与还原剂并传导离子。因此,电解质隔膜越薄,其性能越好,但也需考虑强度。

3. 集电器

集电器又称作双极板(Bipolar Plate),具有收集电流、分隔氧化剂与还原剂、疏导反应气体等作用,集电器的性能主要取决于材料特性、流场设计以及加工技术。

二、燃料电池的工作原理

氢燃料被送入燃料电池的阳极,氧气(或空气)通过阴极进入燃料电池。在阳极处,氢在催化剂的作用下分解成氢离子和电子。氢离子通过电解质扩散到阴极,电子则由外部电路流向正极,从而形成电流。此外,氧气还会和氢离子吸收抵达正极上的电子,生成水。氢氧燃料电池直接将燃烧的化学能转化为电能,因此,其具有效率高、污染小、噪音低的特点。

三、燃料电池的分类

见表 4-1 所示,按所用电解质类型的不同,燃料电池可以分为质子交换膜燃料电池(PEMFC)、碱性燃料电池(AFC)、磷酸型燃料电池(PAFC)、熔融碳酸盐燃料电池(MCFC)以及固体氧化物燃料电池(SOFC)。目前,燃料电池汽车最常用的是 PEMFC。

表 4-1 不同类型燃料电池的特点

	PEMFC	AFC	PAFC	MCFC	SOFC
工作温度/℃	30~100	50~200	~220	~650	500~1000
燃料类型	H_2	H_2	H_2	H_2,碳氢燃料	H_2,碳氢燃料
能量转化效率(%)	55	65	40~60	48	50~65
起动时间	<5 s	几分钟	几分钟	数小时	数小时

4.5.2 燃料电池汽车驱动系统

燃料电池电动汽车的动力系统由燃料电池发动机(发电系统)、辅助动力源、DC/DC变换器、DC/AC逆变器和驱动电动机及各相应的控制器、机械传动与车辆行驶机构等组成。

燃料电池驱动系统的类型可以分为纯燃料电池驱动和混合驱动两种形式,具体包括:

(1) 燃料电池单独驱动 FCEV(如图 4-45);

(2) 燃料电池与辅助蓄电池混合驱动的 FCEV;

(3) 燃料电池与超级电容混合驱动的 FCEV;

(4) 燃料电池、辅助蓄电池以及超级电容混合驱动的 FCEV(如图 4-46)。

图 4-45 燃料电池单独驱动

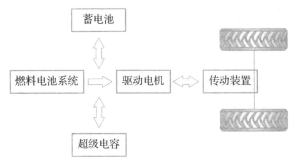

图 4-46 燃料电池+蓄电池+超级电容混合驱动

纯燃料电池车只有燃料电池一个动力源,汽车的所有功率负荷都由燃料电池承担。目前,燃料电池电动汽车绝大多数采用的是混合式燃料电池驱动系统,即以燃料电池系统作为主动力源,又增加了蓄电池组或超级电容作为辅助动力源。燃料电池可以只满足持续功率需求,借助辅助动力源提供加速、爬坡等所需的峰值功率,而且在制动时可以将回馈的能量存储在辅助动力源中。

4.5.3 燃料电池汽车的安全性

尽管燃料电池汽车被认为是最具潜力的新能源汽车之一,但其商业化进程缓慢,受到关键材料成本、加氢站的建设以及安全性等多种因素限制。其中,安全性的影响最为明显,因而我国对燃料电池汽车的安全性也提出了很高的标准。

（1）燃料电池系统运行的安全性:电池系统的性能特性、氢气泄漏、绝缘强度。

（2）燃料电池车载氢系统运行的安全性:包括储氢罐、氢瓶温度、压力传感器、加氢口、气瓶安全阀、氢系统等部件。

（3）燃料电池整车运行的安全性:涉及氢气泄漏量、氢气排放浓度、氢气浓度报警装置、防静电装置。

4.6 汽车安全与智能化新技术

4.6.1 汽车安全新技术

汽车安全新技术主要有汽车防盗装置、汽车防碰撞系统、车距自动保持系统、下坡控制系统、周边车辆危险报警系统、驾驶员状态监测系统等。

一、汽车防盗装置

汽车防盗系统,是指防止汽车本身或车上的物品被盗所设的系统。可以分为以下几种类型:

1. 机械式防盗装置

机械式防盗装置是市面上最简单、廉价的一种防盗器形式。其原理十分简单,就是将转向盘和控制踏板或挡柄锁住,用来增加盗车难度,延长盗车时间。比较常见的有转向盘锁、可拆卸式转向盘、离合刹车锁防盗、车轮锁防盗、防盗磁片以及排挡锁。

机械式防盗装置的优点是价格便宜,安装简便;缺点是防盗不彻底,每次拆装麻烦,不用时还要找地方放置。

2. 电子式防盗装置

电子式防盗装置,简而言之就是给车锁加上电子识别,是随着电子技术的发展而迅速发展起来的一种防盗方式。其主要作用是当汽车处于防盗状态时,如果有人碰撞车或盗车,则会触发防盗器,触发后会有声音报警的功能,汽车通过锁定点火和禁止起动车辆来实现防盗功能。

电子式防盗器的四大功能:防盗报警功能;车门未关安全提示功能;寻车功能;遥控中

央门锁。

3. 发动机防盗禁止系统

发动机防盗禁止系统是一种内置到汽车里的,能防止发动机在没有正确密钥(或其他验证措施)的情况下运作的电子装置。发动机防盗禁止系统是一种被动防盗系统,由发射应答器钥匙控制单元、发动机控制单元、发射应答器钥匙放大器及具有发射应答器芯片的点火钥匙等组成。

发动机防盗禁止系统的工作原理:当点火钥匙插入锁芯时,钥匙中的发射应答器芯片发射一组电子编码到位于点火开关锁芯的发射应答器钥匙放大器,信号被发射应答器钥匙放大器的线圈接收,经放大器放大并由发射应答器钥匙控制单元接收。只有当钥匙编码与发射应答器钥匙控制单元中注册的编码相同时,发动机才能被起动。如果钥匙编码与发射应答器钥匙控制单元中注册的编码不同,发动机控制单元将使发动机停止喷油和点火,发动机将无法起动。

4. GPS 跟踪定位监控防盗系统

GPS 跟踪定位监控防盗系统依托全球卫星定位系统(GPS),通过 GPS 终端、传输网络和监控中心组成三层联网式综合监管系统,从而达到对人、车辆的位置、实时移动的轨迹进行管理。GPS 跟踪定位监控防盗系统的五大功能:定位、通信、监控、停驶以及调度。

二、汽车防碰撞系统

汽车防碰撞系统由驾驶环境识别、行车状况监测、潜在危险评估、危险情况警示、制动控制系统等组成(如图 4 - 47)。

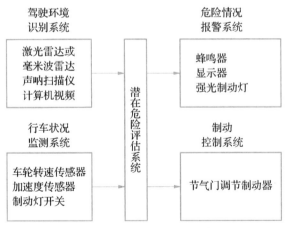

图 4 - 47　汽车防碰撞系统

当危险报警系统发出警告后,因某种人为原因(如疲劳过度)驾驶员没做出反应时,制动控制系统即自动投入工作。本系统主要元件是电动泵和电磁阀,当制动控制系统启用时,通过电磁阀关闭节气门,以防止司机误动作产生不必要的加速。

三、车距自动保持系统

车距自动保持系统能够实时探测前方障碍物,自动识别前方车辆的距离和速度,根据情况自动调整车速,帮助驾驶员自动保持与前方车辆的安全距离,避免碰撞等事故发生。

四、下坡控制系统

下坡控制系统与发动机制动的原理相同,为了避免制动系统负荷过大,减轻驾驶人负担,下坡辅助控制在分动器位于 L 位置,车速 5～25 km/h 并打开下坡控制开关的情况下,不踩加速踏板和制动踏板,下坡辅助控制系统可以自动把车速控制在适当水平。下坡辅助控制系统工作时停车灯会自动亮。下坡控制系统的出现能使车辆以恒定低速行驶,防止车轮锁死,同时可以大大降低车辆在坑洼路面下坡时产生的振动,从而确保了行驶的稳定性与提高驾乘舒适性。

五、周边车辆危险报警系统

周边汽车危险报警系统主要用于协助驾驶员避免高速、低速追尾,高速行驶中无意识偏离车道,与周边车辆碰撞等重大交通事故,像第三只眼一样帮助驾驶员,持续不断地检测车辆周围状况,系统可以识别判断各种潜在的危险情况,并通过不同的声音和视觉提醒,以帮助驾驶员避免或减缓碰撞事故。

周边汽车危险报警系统主要有超声波危险报警系统、雷达危险报警系统、激光危险报警系统、红外线危险报警系统等多种类型,其在功能、稳定性、准确性、人性化、价格上都各有优劣。

六、驾驶员状态监测系统

驾驶员监测系统是一种基于人体生理反应特征的驾驶员疲劳监测预警系统。最早出现于飞机、高铁等具有自动驾驶或高阶辅助驾驶系统的领域中,2005 年后逐渐用于汽车领域。

驾驶员监测系统从任职工作负荷、驾驶习惯、物理位置以及身体状况四个维度来判定驾驶员的状态。驾驶员监测系统一方面基于图像识别和触控传感技术,将驾驶员的面部细节以及心脏、脑电等部位的数据进行收集,根据这些部位的数据变化来判断驾驶员状态;另一方面是针对驾驶员驾车行为进行分析,即通过记录和解析驾驶员转动方向盘、踩刹车等行为特征,判别驾驶员是否疲劳。驾驶员监测系统能有效降低交通事故发生率,维护驾驶安全,保证人生命和财产安全。

4.6.2 汽车智能化新技术

汽车智能化新技术主要有爆胎监测与安全控制系统、巡航控制系统、汽车自动驾驶技术、车载网络与声控技术、电子控制动力转向系统、电控四轮驱动技术等。

1. 爆胎监测与安全控制系统

爆胎监测与安全控制系统主要是出于防止高速爆胎所导致的车辆失控而设计,是吉利全球首创并拥有自主知识产权及专利的一项安全技术。集机械、计算机、电子控制与液压控制于一体,能够对行驶中汽车轮胎的胎压进行实时监测和预警。

当汽车电门钥匙接通时,爆胎监测与安全控制系统首先进入自检程序,检测系统各部分功能是否正常,如不正常,爆胎监测与安全控制系统的报警灯常亮。遇到爆胎事故,爆胎监测与安全控制系统的安全控制起动,实施渐进式自动制动,避免车轮抱死,导致汽车跑偏、侧滑和甩尾的现象发生,确保车安全可靠。

2. 巡航控制系统

巡航控制系统就是利用电子技术,在一定的车速范围内,驾驶员不用控制加速踏板,而能保证汽车以设定的速度稳定行驶的一种电子控制装置。当路况变化时,驾驶员又能重新操纵汽车,如加速、减速、停靠等。巡航控制系统主要由指令开关、传感器、ECU 和执行器组成,具有巡航定速、巡航加速、巡航减速等功能。

3. 汽车自动驾驶技术

汽车自动驾驶技术依靠人工智能、视觉计算、雷达、监控装置和全球定位系统协同合作,让电脑可以在没有任何人类主动的操作下,自动安全地操作机动车辆。

根据自动化水平的高低,汽车自动驾驶区分为四个阶段:驾驶辅助、部分自动化、高度自动化、完全自动化。

4. 车载网络与声控技术

车载网络是基于通信总线技术建立的标准化整车网络,实现车内各电器、电子单元间的状态信息和控制信号在车内网络上的传输,使车辆具有状态感知、故障诊断和智能控制等功能。车载声控技术使用非接触式操作,从技术端提高车联网终端设备的使用效率和用户黏度,逐渐发展成推动车联网发展的重要环节。

5. 电子控制动力转向系统

电子控制动力转向系统在低速行驶时可使转向轻便、灵活;当汽车在中高速区域转向时,又能保证提供最优的动力放大倍率和稳定的转向手感,从而提高了高速行驶的操纵稳定性。根据动力源不同,电子控制动力转向系统可分为液压式电子控制动力转向系统和电动式电子控制动力转向系统。

6. 电控四轮驱动技术

汽车电控制四轮驱动技术是通过传感器感知四个车轮路面的情况,再由微电脑进行分析判断,通过电磁阀驱动,改变黏液耦合器的特性,在前后驱动轴之间、左右轮上分配驱动动力。

4.6.3　智能运输系统

智能运输系统是通过采用先进的电子技术、信息技术、通信技术等高新技术,对传统的交通运输系统及管理体制进行改造,从而形成的一种信息化、智能化、社会化的新型现代交通系统。

智能运输系统主要由智能信息服务子系统、智能车辆子系统、智能道路子系统和智能交通子系统等组成。智能运输系统可以减少交通拥堵,提高道路交通安全水平,降低大气污染,减少能源消耗。

扫码可见
本章微课

智能传感器在智能网联汽车中的应用

第五章

5.1 智能网联汽车技术综述

5.1.1 智能汽车定义

智能汽车是在一般汽车上增加先进的传感系统、决策系统、执行系统,通过车载环境感知系统和信息终端实现与车、路、人等的信息交互,使车辆具备智能环境感知能力,能够自动分析车辆行驶的安全及危险状态,并使车辆按照人的意愿到达目的地,最终达到替代人来操作的目的,如图5-1所示。智能汽车是智能交通的重要组成部分,未来的智能汽车已不单纯是一种交通运输工具,而是智能移动终端。智能汽车分为自主式智能汽车和网联式智能汽车。自主式智能汽车是指采用车载传感器独立于其他车辆自动驾驶;网联式智能汽车是指与附近车辆及路侧设施通信,非自主式自动驾驶。自主式智能汽车和网联式智能汽车相融合即为智能网联汽车。

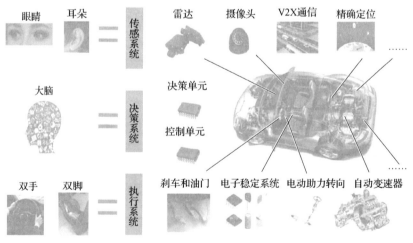

图5-1 智能汽车系统组成

5.1.2 网联汽车定义

网联汽车是指基于通信互联方式建立车与车之间的连接,车与网络中心和智能交通系统等服务中心的连接,甚至是车与住宅、办公室以及一些公共基础设施的连接,也就是可以实现车内网络与车外网络之间的信息交互,全面解决人—车—外部环境之间的信息交流问题。

网联汽车的初级阶段是以车载信息技术为代表。所谓车载信息技术是远距离通信技术与信息科学技术的融合,意指通过内置在汽车上的计算机网络技术,借助无线通信技术、GPS卫星导航技术,实现文字、图像、语音信息交换的综合信息服务系统。

现阶段网联汽车的核心车载信息技术基于全球定位系统技术、地理信息系统技术、智能交通系统技术和无线通信技术,主要应用于卫星定位导航、交通信息预报、娱乐信息播放、道路救援、车辆应急预警、车辆自检测与维护等,如图5-2所示。

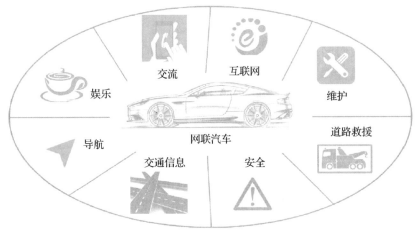

图5-2　网联汽车的应用

5.1.3　智能网联汽车定义

智能网联汽车是指搭载先进的车载传感器、控制器、执行器等装置,并融合现代通信与网络技术,实现车、路、行人、云端等智能信息交互、共享,具备复杂环境感知、智能决策、协同控制等功能,可实现车辆安全、高效、舒适、节能行驶,并最终可实现替代人来操作的新一代汽车,如图5-3所示。

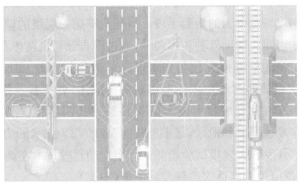

图5-3　智能网联汽车协同互联

智能网联汽车可以从 3 个维度进行剖析,即"智能""网联""汽车"。"智能"是指搭载先进的车载传感器、控制器、执行器等装置和车载系统模块,具备复杂环境感知、智能化决策和控制等功能;"网联"主要指信息互联共享能力,即通过通信与网络技术,实现车辆内部、车辆与车辆、车辆与基础设施、车辆与行人、车辆与云端的信息交互;"汽车"是智能终端载体的外观形态,未来以新能源汽车为主。

5.2 智能网联汽车的发展现状

5.2.1 全球智能网联汽车发展现状

1. IT 巨头与汽车企业采用完全不同的技术路线

宝马曾表示:"我们比 IT 企业更了解汽车的参数,更能确保汽车行驶中的安全。你可以允许苹果手机死机,但决不能允许宝马车在半路'死机'。"这或许反映了 IT 企业与汽车企业的不同思路,前者凭借强大的后台数据、网络技术、智能软件的支持,能够很好地实现汽车与云端的互联;而汽车企业则更多地考虑到车辆的实用性和安全性,他们"固守"汽车本身的优势。

2012 年 8 月,谷歌宣布其研发的无人驾驶汽车已经在电脑的控制下安全行驶了 30 万英里。谷歌无人驾驶汽车依靠激光测距仪、视频摄像头、车载雷达、传感器等获得环境感知和识别能力,确保行驶路径遵循谷歌街景地图预先设定的路线。其装置价格昂贵,大约需 30 万美元,难以大规模推广应用,其本质符合军用智能汽车的技术特点。

与 IT 企业不同,沃尔沃、奥迪、奔驰、宝马、丰田、日产、福特等汽车巨头均选择了更具实用性的民用智能车技术路线。在技术装置方面主要采用常规的雷达(厘米波、毫米波、超声波)、相机(立体、彩色、红外)、传感器(雷达、激光、超声波)、摄像机等进行环境感知和识别,通过基于车联网的协同式辅助驾驶技术进行智能信息交互,结合 GPS 导航实现路径规划,并且更加注重机电一体化系统动力学及控制技术的研发,成本低廉,便于大规模推广应用。

2. 世界汽车巨头正致力于"高度自动驾驶技术"的研发和产业化

智能汽车前两个层次的"辅助驾驶技术"和"半自动驾驶技术"已经得到广泛应用,并成为提升产品档次和市场竞争力的重要手段。智能汽车第一层级的辅助驾驶技术包括自主式辅助驾驶技术和协同式辅助驾驶技术两种,通过警告让司机防患车祸于未然。其中,包括前碰撞预警(FCW)、车道偏离预警(LDW)、车道保持系统(LKS)、自动泊车辅助(APA)等在内的自主式辅助驾驶技术已经得到广泛应用,处于普及推广阶段,并由豪华车下沉至 B 级车。汽车辅助驾驶技术成为获取 E-NCAP 四星和五星的必要条件。在美国、欧洲、日本等汽车发达国家和地区,基于车联网 V2I/V2V 技术的协同式辅助驾驶技术正在进行实用性技术开发和大规模试验场测试。半自动驾驶技术在高端车上逐渐获得应用,比如已经获得广泛应用的自适应巡航控制系统(ACC)。

世界汽车巨头们正致力于第三个层次"高度自动驾驶技术"的实用化研究和产业化,

即将实现量产上市。沃尔沃将率先量产全球第一个自动驾驶技术——堵车辅助系统。该系统是自适应巡航控制和车道保持辅助系统的集成与延伸,它可以使汽车在车流行驶速度低于50公里/小时的情况下,自动跟随前方车辆行进。此外,奥迪、凯迪拉克、日产、丰田等都计划推出诸如自动转向、加减速、车道引导、自动停车、自适应巡航控制等技术的汽车,它们大多属于第三层次的智能驾驶技术。

3. "全工况无人驾驶"前路漫漫

由于车联网V2X技术涵盖汽车、IT、交通、通信等多个行业,相关技术标准法规仍不健全,协同式辅助驾驶技术目前尚未得到大规模推广应用。谷歌无人驾驶汽车还离不开人的操控,只能按预定程序行进,在雾雪天气还会受到干扰,并且在加速、减速及转向时衔接不太好。总之,全工况的无人驾驶技术仍处于研发阶段,最终的实用性测试和验证还需要很长时间。

随着V2X技术最终实用性测试和无人驾驶实用化技术开发的进行,需要进一步建立和完善车联网V2X技术标准法规、无人驾驶技术标准法规,并据此逐步建设相应的通信、道路基础设施,构建起完整的智能化的人、车、路系统,为协同式辅助驾驶技术和无人驾驶技术的大规模推广应用奠定基础。

无人驾驶汽车要真正上路,还将面临法律和道德方面的困难。一方面,无人驾驶汽车与有人驾驶汽车发生交通事故时,其责任归属以及保险赔付等问题待商议解决;另一方面,无人驾驶技术永远是将保护车辆和车内人员作为第一要务,这会涉及交通道德问题。

4. 智能汽车将对交通运输业产生深远而革命性的影响

智能汽车将大幅减少交通安全事故。汽车交通事故在很大程度上取决于人为因素,无人驾驶汽车由行车电脑精确控制,可以有效减少酒驾、疲劳驾驶、超速等人为不遵守交通规则导致的交通事故。

智能汽车将提高车辆利用率,降低汽车总销量,减轻汽车对环境的污染。根据谷歌无人驾驶汽车团队的统计,传统汽车在大部分时间内(96%)处于空闲状态,利用率较低。无人驾驶汽车可以按照时间顺序依次供需要的人使用,因此,可以更好地统筹安排家庭内车辆使用,提高车辆的使用效率,减少车辆消费总量,有效减少碳排放。另一方面,智能汽车可以根据实时路况自动选择到达目的地的最优路径,能源消耗更少。

智能汽车将改变当前汽车交通基础设施状况,影响汽车运输相关产业的发展。智能汽车的运行需要配套的交通基础设施,当前的基础设施建设情况将不再适用。例如由于无人驾驶汽车靠传感器感知路面障碍,或者通过4G/DSRC与道路设施通信,因此,需要在交叉路口、路侧、弯道等布置引导电缆、雷达反射性标识、传感器、通信设施等。队列行驶也是智能汽车的另一种形式,即有人驾驶领头车辆,后面跟随着无人驾驶车辆编队,这一技术将提高汽车运输的自动化程度。

5.2.2 智能网联汽车分级

在国际上,美国汽车工程师学会(SAE)、美国高速公路安全管理局(NHTSA)对自动驾驶的等级做出划分,其中SAE根据动态驾驶任务及其失效后的接管者、操作场景限定

范围等将自动驾驶划分为 L0~L5 六个等级,见表 5-1 所示。

表 5-1　SAE 自动驾驶等级划分

等级	描述	动态驾驶任务		任务失败的接管者	操作范围
		Motion Ctrl.	OEDR		
0	无自动驾驶	驾驶员	驾驶员	驾驶员	—
1	辅助驾驶	驾驶员和系统	驾驶员	驾驶员	限定
2	部分自动驾驶	自动驾驶系统	驾驶员	驾驶员	限定
3	条件自动驾驶	自动驾驶系统	自动驾驶系统	自动驾驶系统	限定
4	高度自动驾驶	自动驾驶系统	自动驾驶系统	自动驾驶系统	限定
5	完全自动驾驶	自动驾驶系统	自动驾驶系统	自动驾驶系统	所有场景

我国也在加快对智能网联汽车相关标准、法规的制定,引导行业规范化、健康、稳定发展,先后出台了《节能与新能源汽车技术路线图》《国家车联网产业体系建设指南(智能网联汽车)》《智能网联汽车自动驾驶功能测试规程(试行)》等指导文件。根据我国相关标准、指南文件的定义:在汽车智能化方面,将智能化分为五个层次,即驾驶辅助(DA)、部分自动驾驶(PA)、条件自动驾驶(CA)、高度自动驾驶(HA)和完全自动驾驶(FA),见表5-2所示。

表 5-2　我国汽车智能化分级

智能化等级	等级名称	等级定义	控制	监视	失效应对	典型工况
人监控驾驶环境						
1(DA)	驾驶辅助	通过环境信息对方向和加减速中的一项操作提供支援,其他驾驶操作都由人操作	人与系统	人		车道内正常行驶,高速公路无车道干涉路段、泊车工况
2(PA)	部分自动驾驶	通过环境信息对方向和加减速中的多项操作提供支援,其他驾驶操作都由人操作	人与系统	人	人	高速公路及市区无车道干涉路段,换道、环岛绕行、拥堵跟车等工况
自动驾驶系统("系统")监控驾驶环境						
3(CA)	有条件自动驾驶	由无人驾驶系统完成所有驾驶操作,根据系统请求,驾驶员需要提供适当的干预	系统	系统	人	高速公路全部工况,市区无车道干涉路段
4(HA)	高度自动驾驶	由无人驾驶系统完成所有驾驶操作,特定环境下系统会向驾驶员提出响应请求,驾驶员可以对系统请求不进行响应	系统	系统	系统	高速公路全部工况及市区有车道干涉路段

（续表）

智能化等级	等级名称	等级定义	控制	监视	失效应对	典型工况
5(FA)	完全自动驾驶	无人驾驶系统可以完成驾驶员能够完成的所有道路环境下的驾驶操作	系统	系统		所有形式工况

在网联化层面,按照网联通信内容的不同将其划分为网联辅助信息交互、网联协同感知、网联协同决策与控制三个等级,各级定义见表5-3所示。

表5-3 网联化等级

网联化等级	等级名称	等级定义	控制	典型信息	传输需求
1	网联辅助信息交互	基于车—路、车—后台通信,实现导航等辅助信息的获取以及车辆行驶与驾驶员操作等数据的上传	人	地图、交通流量、交通标志、油耗、里程等信息	传输实时性、可靠性要求较低
2	网联协同感知	基于车—车、车—路、车—人、车—后台通信,实时获取车辆周边交通环境信息,与车载传感器的感知信息融合,作为车辆自动驾驶决策与控制系统的输入	人与系统	周边车辆/行人/非机动车位置、信号灯相位、道路预警等信息	传输实时性、可靠性要求较高
3	网联协同决策与控制	基于车—车、车—路、车—人、车—后台通信,实时并可靠获取车辆周边交通环境信息及车辆决策信息,车—车、车—路等各交通参与者之间信息进行交互融合,形成车—车、车—路等各交通参与者之间的协同决策与控制	人与系统	车—车、车—路间的协同控制信息	传输实时性、可靠性要求较高

5.3 智能网联汽车的关键技术

智能网联汽车智能驾驶的关键技术可以划分为环境感知层、智能决策层以及控制和执行层。

1. 环境感知层

环境感知层的主要功能是通过车载环境感知技术、卫星定位技术以及4G/5G及V2X无线通信技术等,实现对车辆自身属性和车辆外在属性(如道路、车辆和行人等)静、动态信息的提取和收集,并向智能决策层输送信息。

2. 智能决策层

智能决策层的主要功能是接收环境感知层的信息并进行融合,对道路、车辆、行人、交通标志和交通信号等进行识别、决策分析,判断车辆驾驶模式及将要执行的操作,并向控制和执行层输送指令。

3. 控制和执行层

控制和执行层的主要功能是按照智能决策层的指令,对车辆进行操作和协同控制,并为联网汽车提供道路交通信息、安全信息、娱乐信息、救援信息、商务办公以及网上消费等,保障汽车安全行驶和舒适驾驶。

智能网联汽车涉及汽车、信息通信、交通等多领域技术,其技术架构较为复杂,可划分为"三横两纵"式技术架构。"三横"是指智能网联汽车主要涉及的车辆、信息交互与基础支撑三大领域技术,"两纵"是指支撑智能网联汽车发展的车载平台以及基础设施条件,如图 5-4 所示。

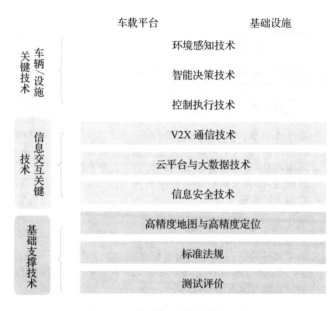

图 5-4 "三横两纵"式技术架构

5.4 智能传感器在智能网联汽车中的应用

汽车雷达可分为超声波雷达、毫米波雷达、激光雷达等,不同雷达波的特征频率、波形和扫描特点不同。

雷达的原理不同,也各自具备典型的优缺点,在智能网联汽车领域,需要根据各雷达的特点进行选型和配置,以满足不同阶段和场景的市场化需求,实现丰富的智能网联汽车功能。本章将分别介绍智能网联汽车中广泛使用的几类雷达以及目前在智能网联汽车领域的应用情况。

5.4.1 超声波雷达

超声波是一种频率高于 20 kHz 的声波(机械波),它的方向性好,反射能力强,易于获得较集中的声能。超声波雷达是利用超声波的特性研制而成的传感器,可以通过接收到反射后的超声波探知周围的障碍物情况,它可以消除驾驶员停车泊车、倒车和起动车辆时前、后、左、右探视带来的麻烦,帮助驾驶员消除盲点和视线模糊缺陷,提高行车安全性。超声波雷达常用探头的工作频率有 40 kHz,48 kHz 和 58 kHz 三种。一般来说,频率越高,灵敏度越高,但水平与垂直方向的探测角度就越小,故一般采用 40 kHz 的探头。

超声波雷达防水、防尘,即使有少量的泥沙遮挡也不影响。探测范围在 0.1~3 米之间,而且精度较高,因此,非常适合应用于泊车。车载超声波雷达一般安装在汽车的保险杠上方,隐藏在保险杠的某个位置。

图 5 - 5　超声波雷达

如图 5 - 5 所示,图中用圆圈画出的区域中即为四个后向超声波雷达。

车载超声波雷达主要分为 UPA 和 APA 两大类。UPA 是一种短程超声波,主要安装在车身的前部与后部,检测范围为 25 cm~2.5 m,由于检测距离小,多普勒效应和温度干扰小,检测更准确。APA 是一种远程超声波传感器,主要用于车身侧面,检测范围为35 cm~5 m,可覆盖一个停车位,方向性强,探头的波传播性能优于 UPA,相比于 UPA 成本更高,功率也更大。

UPA 和 APA 的探测范围和探测区域如图 5 - 6 所示,图中的汽车配备了前后方向各 4 个 UPA,左右两侧各 2 个 APA。APA 的探测距离优势让它不仅能够检测左右侧的障碍物,而且还能根据超声波雷达返回的数据判断停车位是否存在。因此,可用于自动泊车时的泊车库位检测。

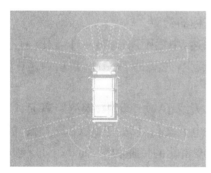 

图 5 - 6　UPA 和 APA 探测范围区域示意图

超声波的能量消耗较缓慢,在介质中传播的距离比较远,穿透性强。超声波雷达价格只有几十到几百元人民币,且技术成熟稳定。因此,超声波雷达除了可以用于障碍物检测外,还可以在无人驾驶中有多种应用,如倒车辅助系统和自动泊车系统等。

5.4.2　毫米波雷达

毫米波雷达是通过发射和接收毫米波段的电磁波来测量车辆与车辆之间的距离、角度和相对速度的装置。毫米波雷达检测具有全天候工作的能力,在智能网联汽车领域得

到了广泛应用,用于目标识别和跟踪。毫米波位于微波和远红外波重叠的波长范围内,根据波传播理论,频率越高,波长越短,分辨率越高,穿透能力越强,但传播过程中损耗越大,传输距离越短。因此,与微波相比,毫米波具有分辨率高、方向性好、抗干扰能力强、检测性能好等特点。与红外线相比,毫米波具有大气衰减小、对烟雾的穿透性好、受天气影响小等特点。

毫米波雷达是工作在毫米波波段的探测雷达。通常毫米波是指频率在 $30\sim300\text{ GHz}$(波长为 $1\sim10\text{ mm}$)的电磁波。毫米波雷达向周围发射电磁波,通过测定和分析反射波以计算障碍物的距离、方向和大小。毫米波雷达外观图如图 5-7 所示。

图 5-7 车载毫米波雷达外观图

目前,汽车领域获准使用的毫米波雷达主要有 3 个频段,分别是 24 GHz,77 GHz 和 79 GHz。不同频段的毫米波雷达有着不同的性能。

毫米波雷达检测具有全天候工作的能力。根据毫米波雷达的有效探测范围,车载毫米波雷达可分为长距离雷达(LRR)、中距离雷达(MRR)和短距离雷达(SRR)。实际应用中,LRR 和 MRR 通常布置在车辆前方,用于前方较远范围内目标的检测;SRR 通常布置在车辆四角位置,用于侧前方、侧后方等范围内目标的检测。

目前在智能网联汽车领域中应用的毫米波雷达,中短距离以 24 GHz 频段为主,长距离以 77 GHz 频段为主,这些频段在大气中衰减较少,尤其是 77 GHz 被认为是未来的主流,其主要优势是:

(1)探测距离越远。77 GHz 毫米波带宽大,天线小,功率集中,探测距离远。

(2)独特的频段。为了减少对电信信号与射电天文信号(处于 24 GHz 频段)的干扰,欧盟限制了仅用于短程雷达的 24 GHz 车载毫米波雷达的传输功率,而 77 GHz 频段则是相对专属汽车领域应用的电磁波频段。

(3)尺寸更小,更容易实现小型化。毫米波雷达具有探测性能稳定、作用距离较长、识别精度高、环境适用性好等特点。但毫米波雷达分辨力不高,对行人探测反射波较弱,无法精确识别行人、交通标示符号和信号灯,需与视觉传感器互补使用。为了满足不同探测距离的需要,车内安装了大量的短程、中程和远程毫米波雷达。不同的毫米波雷达在车辆的前部、车身侧面和后部起着不同的作用。

在图 5-8 中,两个后向雷达分别安装在车辆的左侧和右侧尾部,灰色区域为后向雷达探测范围(0.1 m~80 m);一个前向雷达安装在前保险杠中间位置,灰色为前向雷达探测范围(1~200 m)。

图5-8 车载毫米波雷达的探测范围图

前向雷达和后向雷达广泛应用于智能网联汽车的各类先进辅助驾驶系统(ADAS)上,具体应用见表5-4。

表5-4 车载毫米波雷达在智能网联汽车上的应用

雷达类型	应 用
前向雷达	自适应巡航控制(ACC)、自动紧急制动(AEB)、前向防撞预警(FCW)
后向雷达	盲点检测(BSD)、变道辅助(LCA)、后方碰撞预警(RPC)、倒车碰撞预警(RCW)、后方十字交通报警(RCTA)、开门报警(DOW)

5.4.3 激光雷达

激光雷达(Light Detection and Ranging,LiDAR),是一种光学遥感传感器,它通过向目标物体发射激光,然后根据接收-反射的时间间隔确定目标物体的实际距离,根据距离及激光发射的角度,通过几何变化推导出物体的位置信息。激光雷达能够确定物体的位置、大小、外部形貌甚至材质。此外根据反射信号的信号强弱和频率变化等参数,还可以确定被测目标的运动速度、姿态以及物体形状信息。

激光雷达采集到的物体信息呈现出一系列分散的、具有准确角度和距离信息的点,被称为点云。如图5-9所示,为激光雷达工作过程中的点云图。

图5-9 Velodyne激光雷达点云图

激光雷达由发射光学系统、接收光学系统、主控及处理电路板、探测器接收电路模块、激光器及驱动模块组成。图5-10、图5-11为不同类型的激光雷达内部结构图。

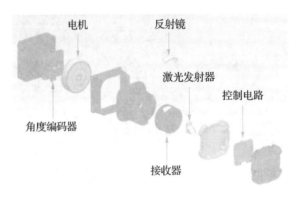

图 5 - 10　单线激光雷达零件分解图

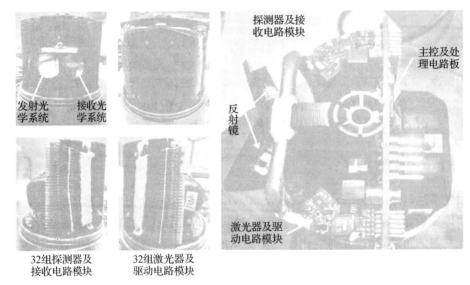

图 5 - 11　32 线激光雷达内部结构图

1. 按扫描方式分类

车载激光雷达根据其扫描方式的不同,可分为机械激光雷达和固态激光雷达。机械激光雷达外表上最大的特点就是有机械旋转机构,如图 5 - 12 所示。我们看到的智能网联测试车车顶上较复杂的圆柱形装置,即为机械式激光雷达。

图 5 - 12　机械激光雷达

但这种雷达调试、装配工艺复杂，生产周期长，成本居高不下，并且机械部件寿命不长（约 1000～3000 小时），难以满足苛刻的车规级要求（至少 1 万小时以上）。另外，机械式激光雷达由于光学结构固定，适配不同车辆往往需要精密调节其位置和角度。因此，激光雷达量产商都在着手开发性能更好、体积更小、集成化程度更高，并且成本更低的激光雷达。

固态激光雷达由于不存在旋转的机械结构，其结构简单、尺寸小，如图 5-13 所示，所有的激光探测水平和垂直视角都是通过电子方式实现的，并且装配调试可以实现自动化，能够量产，成本大幅降低，设备的耐用性也有效地提高了，固态激光雷达是必然的技术发展路线。

图 5-13　固态激光雷达

固态激光雷达在不良天气条件下检测性能较差，不能实现全天候工作。且机械激光雷达能进行 360°范围的扫描，固态式激光雷达一般为 120°范围的向前扫描。根据技术路线不同，固态激光雷达又分为光学相控阵 OPA（Optical Phased Array）激光雷达、微机电系统 MEMS（Micro-Electro Mechanical Systems）激光雷达和 3D Flash 激光雷达。

2. 按雷达线数分类

根据线数的多少，激光雷达分为单线激光雷达与多线激光雷达。单线激光雷达扫描一次只产生一条扫描线，其所获得的数据为 2D 数据，因此，无法区别有关目标物体的 3D 信息，如图 5-14 所示。由于单线激光雷达比多线激光雷达角频率和灵敏度更快，所以在测试周围障碍物的距离和精度上都更加精确。

图 5-14　单线激光雷达

单线雷达只能平面式扫描,不能测量物体高度,有一定局限性。目前,主要应用于服务机器人身上,如扫地机器人。在智能车上,单线激光雷达主要用于规避障碍物、地形测绘等领域。

多线激光雷达扫描一次可产生多条扫描线,主要应用于障碍物的雷达成像,相比单线激光雷达在维度提升和场景还原上有了质的改变,可以识别物体的高度信息,目前市场上多线产品包括4线、8线、16线、32线、64线等。如图5-15所示,为多线激光雷达扫描的不同类型障碍物的点云图,包括汽车、人、墙、树木、公交车和小货车等。

图5-15 多线激光雷达

3. 其他分类方式

此外,激光雷达按照功能用途,可以分为激光测距雷达、激光测速雷达、激光成像雷达、大气探测雷达和跟踪雷达等;按照按激光发射波形分类可分为连续型激光雷达和脉冲型激光雷达;按载荷平台分类可分为机载激光雷达、车载激光雷达等;按探测方式分类可分为直接探测激光雷达和相干探测激光雷达。

智能网联汽车通过激光雷达对周边环境进行扫描识别,从而引导车辆行进。激光雷达在智能网联汽车中起着类似于"眼睛"的功能,能够根据扫描到的点云数据快速绘制3D全景地图。主要应用场景有:障碍物分类、障碍物跟踪、路沿可行驶区域检测、车道标志线检测和高精度定位等。

(1)障碍物分类。激光雷达对周围障碍物进行扫描,对障碍物的形状特征进行提取,对比数据库原有特征数据,进行障碍物分类,如图5-16所示。激光雷达将小轿车、大货车和自行车等进行了分类。

(2)障碍物跟踪。激光雷达采用相关算法对比前后帧变化障碍物,利用同一障碍物的坐标变化,实现对障碍物的速度和航向的检测跟踪,为后续避障提供可靠的数据信息,如图5-17所示。

图 5 - 16　障碍物分类

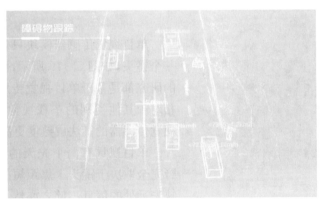

图 5 - 17　障碍物跟踪

（3）高精度定位。首先 GPS 给定初始位置，通过 IMU（惯性测量元件）和车辆的 Encoder（编码器）可以得到车辆的初始位置，然后对激光雷达的局部点云信息，包括点线面的几何信息和语义信息进行特征提取，并结合车辆初始位置进行空间变换，获取基于全局坐标系下的矢量特征，接着将这些特征与高精度地图的特征信息进行匹配，获取一个准确的定位，如图 5 - 18 所示。

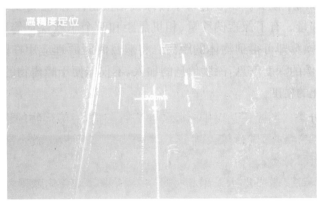

图 5 - 18　高精度定位

5.4.4 视觉传感器

视觉传感器是人工智能的一个分支,起源于20世纪80年代的神经网络技术,通过使用光学系统和图像处理工具等来模拟人的视觉能力捕捉和处理场景的三维信息,理解并通过指挥特定的装置执行决策。视觉传感器涉及多种技术,包括图像处理、机械工程技术、控制、电光源照明、光学成像、传感器、模拟与数字视频技术、计算机软硬件技术等。

根据镜头和布置方式的不同,视觉传感器主要包括:单目视觉传感器、双目视觉传感器、三目视觉传感器和环视视觉传感器。此外,红外夜视系统也属于视觉传感器一个独特的分支,图像处理算法在处理远红外夜视图像时依然能够发挥作用。接下来将分别介绍这几类视觉传感器。

1. 单目视觉传感器

单目视觉传感器模块只包含一个摄像机和一个镜头,如图5-19所示,由于很多图像算法的研究都是基于单目视觉传感器开发的,因此,相对于其他类别的车载视觉传感器,单目车载视觉传感器的算法成熟度更高。

图5-19 单目车载视觉传感器

单目视觉有两个先天的缺陷:一是它的视野完全取决于镜头。焦距短的镜头,视野广,但缺失远处的信息。反之亦然。二是单目测距的精度较低。摄像机的成像图是透视图,即越远的物体成像越小。近处的物体,需要用几百甚至上千个像素点描述;而处于远处的同一物体,可能只需要几个像素点即可描述出来。这种特性会导致越远的地方,一个像素点代表的距离越大。因此,对于单目视觉来说,物体越远,测距的精度越低。

2. 双目视觉传感器

由于单目测距存在缺陷,双目视觉应运而生,如图5-20所示,双目视觉传感器模块包含两个摄像机和两个镜头。相近的两个摄像机拍摄物体时,会得到同一物体在相机成像平面的像素偏移量。有了像素偏移量、相机焦距和两个车载视觉传感器的实际距离这些信息,根据数学换算即可得到物体的距离。将双目测距原理应用在图像上每一个像素点时,即可得到图像的深度信息,深度信息的加入,不仅能便于障碍物的分类,更能提高高精度地图定位匹配的精度。

图5-20 双目视觉传感器

与单目系统相比,双目系统的特点如下:一是成本比单目系统要高,但尚处于可接受范围内,并且与激光雷达等方案相比成本较低;二是没有识别率的限制,因为从原理上无须先进行识别再进行测算,而是对所有障碍物直接进行测量;三是精度比单目高,直接利用视差计算距离。双目系统的一个难点在于计算量非常大,对计算单元的性能要求非常高。

3. 三目视觉传感器

由于单目和双目都存在某些缺陷,因此,很多智能网联汽车采用了三目视觉传感器方案。三目视觉传感器是三个不同焦距单目车载视觉传感器的组合。图 5-21 为特斯拉 AutoPilot 2.0 安装在风窗玻璃下方的三目视觉传感器,分别为 25°视场、50°视场、150°视场。其中,25°视场用于检测前车车道线、交通灯,50°视场负责一般的道路状况监测,150°视场用于检测平行车道道路状况以及行人和非机动车行驶的状况。

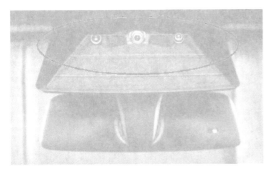

图 5-21 特斯拉 AutoPilot 2.0 三目视觉传感器

对车载视觉传感器来说,感知的范围要么损失视野,要么损失距离。三目车载视觉传感器能较好地弥补感知范围的问题。三目摄像头的缺点是需要同时标定三个车载视觉传感器,因而工作量更大一些。其次,软件部分需要关联三个车载视觉传感器的数据,对算法要求也很高。

一个典型的视觉传感器系统包括:光源、工业相机、工业镜头、图像处理单元、监视器、通信/输入输出单元等。其核心则是图像处理单元,也就是把存入的大量数字化信息与模板库信息进行比较处理,并快速得出结论,其运算速度和准确率是关键指标。这主要通过高效合理的算法和处理能力强大的芯片来实现。

视觉传感器的应用场景:

生物学研究表明,人类获取外界信息 75% 依靠视觉系统,而在驾驶环境中这一比例甚至高达 90%。如果能够将视觉传感器系统应用到智能网联汽车领域,无疑将会大幅度提高自动驾驶的准确性。视觉传感器在整个环境感知系统中占据了非常重要的地位,在智能网联汽车上的应用,主要有两大类功能,分别是感知能力和定位能力。感知能力是实现对智能网联汽车各种环境信息的感知。定位能力主要采用视觉 SLAM 技术,根据提前建好的地图和实时的感知结果做匹配,获取智能网联汽车的当前位置。

视觉传感器可以提供的感知能力主要有:车道线识别、障碍物识别、交通标志识别、道路标志识别、交通信号灯识别、可行驶区域识别、周围车辆感知、交通状况感知、道路状况

感知、车辆本身状态感知等。视觉传感器在智能网联汽车上的具体应用示意图如图 5-22 所示。

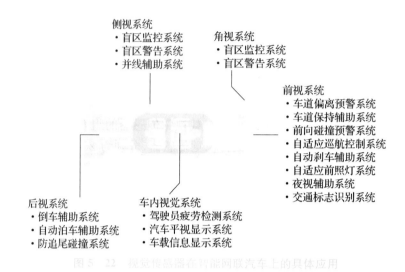

侧视系统
· 盲区监控系统
· 盲区警告系统
· 并线辅助系统

角视系统
· 盲区监控系统
· 盲区警告系统

前视系统
· 车道偏离预警系统
· 车道保持辅助系统
· 前向碰撞预警系统
· 自适应巡航控制系统
· 自动刹车辅助系统
· 自适应前照灯系统
· 夜视辅助系统
· 交通标志识别系统

后视系统
· 倒车辅助系统
· 自动泊车辅助系统
· 防追尾碰撞系统

车内视觉系统
· 驾驶员疲劳检测系统
· 汽车平视显示系统
· 车载信息显示系统

图 5-22 视觉传感器在智能网联汽车上的具体应用

扫码可见
本章微课

智能网联汽车技术

6.1 ADAS

先进驾驶辅助系统(Advanced Driver Assistance System),简称 ADAS,是利用安装于车上的各式各样的传感器,在第一时间收集车内外的环境数据,进行静、动态物体的辨识、侦测与追踪等技术上的处理,从而能够让驾驶者在最快的时间察觉可能发生的危险,以引起注意和提高安全性的主动安全技术。

ADAS 主要由三大系统组成:负责环境辨识的环境感知系统,负责计算分析的中央决策系统和负责执行控制的底层控制系统。其中,负责感应的传感器主要包括摄像头、毫米波雷达、超声波雷达、夜视仪等;负责分析的主要是芯片和算法,算法是 ADAS 向无人驾驶进步的突破口,核心是基于视觉的计算机图形识别技术;执行主要是由具备制动、转向功能的硬件负责。

早期的 ADAS 技术主要以被动式报警为主,当车辆检测到潜在危险时,会发出警报提醒驾车者注意异常的车辆或道路情况。ADAS 系统包含了许多不同的辅助驾驶技术,例如自适应巡航(ACC)、自动紧急制动(AEB/CMbB)、交通标志识别(TSR/TSI)、盲点检测(BSD/BLIS)、变道辅助(LCA/LCMA)、车道偏离预警(LDW)等。总的来说,ADAS 就是通过信息辅助加上控制辅助,来帮助驾驶员完成车辆的控制。

从对驾驶员辅助方式的角度,ADAS 系统可以分为预警类辅助驾驶系统和控制类辅助驾驶系统两大类。

6.1.1 预警类辅助驾驶系统

在预警类辅助驾驶系统中,车辆识别是一个先决条件,通常使用后视摄像头、前视摄像头、雷达等传感器来实现。

① 后视摄像头 后视摄像头如图 6-1 所示,后视摄像头系统有助于驾驶员发现车后的物体或人,从而确保安全倒车、停车。摄像头通过非屏蔽双绞线实现高速以太网和视频压缩,在本地分析视频内容,以便进行物体和行人检测,并支持全面的本地图像处理和图形覆盖创建,以此来测量物体距离并触发制动干预。

图 6-1 后视摄像头

② 前视摄像头　前视摄像头如图 6-2 所示,高级驾驶辅助系统中的摄像头系统可以分析视频内容,以提供车道偏离警告(LDW)、自动车道保持辅助(LKA)、远光/近光控制和交通标志识别(TSR)等功能。前视摄像头能够监控图像信息,如前面物体的大小和形状。主要用于监控其他道路使用者、交通信号和道路标志。

图 6-2　前视摄像头

③ 传感器　在 ADAS 系统中,使用了大量的传感器,这些传感器主要包括短程、中程、远程监测传感器等。如图 6-3 所示,工作频率为 40 kHz 的短程超声波雷达传感器,主要用于停车辅助功能。

77 GHz 毫米波雷达传感器如图 6-4 所示,支持自适应巡航控制、碰撞保护和碰撞警告系统,可以检测和跟踪目标,根据前方交通状况自动调整车速,控制与前车的距离,在即将发生碰撞的情况下提醒驾驶员并起动紧急制动干预。

图 6-3　40 kHz 超声波雷达传感器　　　　　图 6-4　77 GHz 雷达

不同传感器所感知到的环境数据可以相互融合,以增加预警系统的探测与识别功能,例如,将摄像头和电子地图的信息结合起来,可以提高交通识别系统的识别率。预警系统可以实现的主要功能如表 6-1 所示。

表 6-1　ADAS 预警类辅助驾驶系统的主要功能表

序号	主要功能	英文简称	功能相关介绍
1	驾驶员疲劳监测	DFM	实时监测驾驶员状态并在确认其疲劳时发出提示信息
2	驾驶员注意力监测	DAM	实时监测驾驶员状态并在其注意力分散时发出提示信息
3	车辆检测	VD	在仅基于视觉的模式下,VD 目前能检测 70 米远的车辆,并能持续跟踪到 100 米开外。在大雾、极端天气及摄像头被阻挡的情况下,VD 是不可用的,但能提示用户不可用
4	交通标志识别	TSR	TSR 能识别路上的交通标志牌如限速标志,包括固定或非固定的 LED 标志。这些信息还可以与导航地图信息相融合,提供更精确的信息。技术要点主要在于图像处理以及标志结构信息的提取与识别
5	智能限速提醒	ISLI	自动获取车辆当前条件下所应遵守的限速信息并实时监测车辆行驶速度,当车辆行驶速度不符合或即将超出限速范围的情况下适时发出警告信息
6	弯道速度预警	CSW	对车辆状态和前方弯道进行监测,当行驶速度超过通过弯道的安全车速时发出警告信息
7	抬头显示	HUD	将信息显示在驾驶员正常驾驶时的视野范围内,使驾驶员不必低头就可以看到相应的信息
8	全景影像监测	AVM	向驾驶员提供车辆周围 360°范围内环境的实时影像信息。全景影像系统一般需要四个以上鱼眼摄像头,能看到车辆四周的所有状况。技术上需要对摄像头进行标定,对图像进行配准、拼接,车辆自身的虚拟实现,模拟车辆状态等
9	夜视	NV	在夜间或其他弱光行驶环境中为驾驶员提供视觉辅助或警告信息
10	行人检测	PED	一般的 PED 要区分出走路和静止的人,并给出行人的位置和速度,如果行人在车辆行驶路线上,能给出重点提示及碰撞时间。现实中,人有走、跑、带着东西、推车等形态和动作,PED 都要能处理这些状况,特别是人群检测,为避免重大事故,PED 要给出额外的提醒。检测人行道、行人的动作和姿势,对汽车行驶的安全也有重要意义
11	前向车距监测	FDM	实时监测本车与前方车辆车距,并以空间或时间距离显示车距信息
12	前向碰撞预警	FCW	实时监测车辆前方行驶环境,并在可能发生前向碰撞危险时发出警告信息。车祸的发生,大都是来不及反应,或无告警。而 FCW 能在碰撞前 2~3 秒给出警告,以避免车祸发生。因此,FCW 要检测出前方车辆或行人的距离及相对速度
13	后向碰撞预警	RCW	实时监测车辆后方环境,并在可能受到后方碰撞时发出警告信息
14	车道偏移报警系统	LDWS	LDW 在夜晚、雨雪等状况下(应该是非特别极端天气),检测出各种车道标志和路边。在直路与弯道上都能工作,但在视野很差的条件下自动关闭,并给出提示

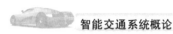

序号	主要功能	英文简称	功能相关介绍
15	变道碰撞预警	LCW	在车辆变道过程中,实时监测相邻车道,并在车辆侧/后方出现可能与本车发生碰撞危险的其他道路使用者时发出警告信息
16	盲区监测	BSD	实时监测驾驶员视野盲区,并在其盲区内出现其他道路使用者时发出提示或警告信息
17	侧面盲区监测	SBSD	实时监测驾驶员视野的侧/后方盲区,并在其盲区内出现其他道路使用者时发出提示或警告信息
18	转向盲区监测	STBSD	在车辆转向过程中,实时监测驾驶员转向盲区,并在其盲区内出现其他道路使用者时发出警告信息
19	后方交通穿行提示	RCTA	在车辆倒车时,实时监测车辆后部横向接近的其他道路使用者,并在可能发生碰撞危险时发出警告信息
20	前方交通穿行提示	FCTA	在车辆低速前进时,实时监测车辆前部横向接近的其他道路使用者,并在可能发生碰撞危险时发出警告信息
21	车门开启预警	DOW	在停车状态即将开启车门时,监测车辆侧后方的其他道路使用者,并在可能因车门开启而发生碰撞危险时发出警告信息
22	倒车环境辅助	RCA	在车辆倒车时,实时监测车辆后部环境,为驾驶员提供影像或警告信息
23	低速行车环境辅助	MALSO	在车辆泊车或低速通过狭窄通道时,探测其周围障碍物,并当车辆靠近障碍物时发出警告信息

6.1.2 控制类辅助驾驶系统

控制类辅助驾驶系统主要由 GPS 和 CCD 摄像头检测模块、通信模块和控制模块组成。其中,GPS 和 CCD 摄像头检测模块通过 GPS 接收机接收 GPS 卫星信号,获取车辆的经纬度坐标、速度、时间等信息,并利用安装在车辆前后的 CCD 摄像头实时观察道路两侧的情况。通信模块可以在相互靠近的车辆之间实时传输检测到的相关信息和驾驶信息,控制模块可以在发生事故前主动控制,从而避免发生事故。

① GPS 模块和 CCD 摄像头检测模块。GPS 模块如图 6-5 所示,在汽车行驶过程中,因为在汽车前车窗有一个盲点,驾驶员在转弯时会产生一个视距的盲区。为了减少视距盲区,驾驶辅助系统利用 GPS 和 CCD 摄像头检测模块获取车辆的驾驶数据,包括车辆的位置和速度、接近距离等。为了反映车辆之间的距离信息,将地理信息系统(GIS)中的道路信息集成到 GPS 定位数据系统中,形成一个融合的 GPS 信息系统。

图 6-5　GPS 模块

安装在汽车侧面的摄像头是"盲区探测器",用于实时观察道路两侧的情况。前摄像头可以检测转弯后的路况,判断是否有车辆接近。后摄像头可以看到后车的行驶情况,判断后车是否影响车辆的转弯和超车等。

② 通信模块。驾驶辅助系统依靠车辆之间的状态信息进行相互通信和监控驾驶状态,从而保护驾驶安全,包括调整驾驶状态和避免恶性碰撞。目前,传统的驾驶辅助系统可以向驾驶员发出危险情况的警告,但不能自行制定预防措施,而利用通信手段可以弥补这一缺陷。

使用即时网络通信传输的信息主要有两种:

a. GPS 和 CCD 摄像头获取的状态信息的定时传输,以及车内的一些传感器获取的信息,例如,车辆位置、行驶速度、制动力矩等,这些状态信息每秒大约传输 5~50 次。

b. 危险情况警告信息。与定期发送的信息不同,这些警告信息来自通信范围内的通信车辆。由于节点距离较远,因此,需要多跳传输,只有在发生危险情况时才会发送此信息。

③ 控制模块。车辆控制器如图 6-6 所示,是车辆控制的核心,控制器根据输入信号判断车辆的当前状态,经过一定的控制逻辑和控制算法,确定各子系统当前控制信号的大小。

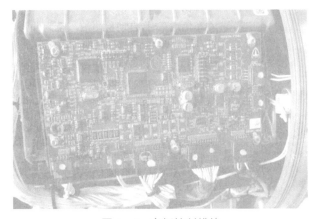

图 6-6　车辆控制模块

车辆控制器根据驾驶员的制动踏板和当前车速计算所需的机械制动力矩值,以获得机械制动系统的制动指令等等,这些控制作用提高了驾驶辅助系统的可靠与安全。整车控制模块 VCU 是通过 CAN 总线对网络信息进行管理、调度、分析和运算,实现整车优化控制和网络管理等功能。控制类辅助驾驶系统主要功能如表 6-2 所示。

表 6-2　ADAS 控制类辅助驾驶系统主要功能表

序号	主要功能	英文简称	功能相关介绍
1	自动紧急制动	AEB	实时监测车辆前方行驶环境,并在可能发生碰撞危险时自动起动车辆制动系统使车辆减速,以避免碰撞或减轻碰撞后果
2	紧急制动辅助	EBA	实时监测车辆前方行驶环境,在可能发生碰撞危险时提前采取措施以减少制动响应时间并在驾驶员采取制动操作时辅助增加制动压力,以避免碰撞或减轻碰撞后果

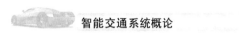

（续表）

序号	主要功能	英文简称	功能相关介绍
3	自动紧急转向	AES	实时监测车辆前方和侧方行驶环境,在可能发生碰撞危险时自动控制车辆转向,以避免碰撞或减轻碰撞后果
4	紧急转向辅助	ESA	当系统识别到车辆有高风险发生尾端碰撞而无法只通过制动规避风险时,系统自动提供转向助力帮助驾驶者通过转向来规避障碍物
5	智能限速控制	ISLC	自动获取车辆当前条件下所应遵守的限速信息并实时监测车辆行驶速度,辅助驾驶员控制车辆行驶速度,以使其保持在限速范围之内
6	车道保持辅助	LKA	实时监测车辆与车道线的相对位置,持续或在必要情况下介入车辆横向运动控制,使车辆保持在原车道内行驶
7	车道居中控制	LCC	在车辆行驶过程中,持续自动控制车辆横向运动,使车辆始终在车道中央区域内行驶
8	车道偏离抑制	LDP	实时监测车辆与车道线的相对位置,在其将要超出车道线时介入车辆横向运动控制,以辅助驾驶员将车辆保持在原车道内行驶
9	智能泊车辅助	IPA	在车辆泊车时,自动检测泊车空间并为驾驶员提供泊车指示和/或方向控制等辅助功能
10	增强现实导航	AR NAVI	AR NAVI 是将普通导航仪与摄像头结合,AR NAVI 不仅用前向摄像头将车前的路况录下来,而且据导航地图的信息,在视频上划出虚拟线路箭头,显示导航相关信息。若 AR NAVI 与 PED、VD、LDW 等应用结合,其功能会得到进一步增强
11	自适应巡航控制	ACC	实时监测车辆前方行驶环境,在设定的速度范围内自动调整行驶速度,以适应前方车辆和/或道路条件等引起的驾驶环境变化。ACC 一般都基于雷达或激光技术,现在可以基于视觉/摄像头技术
12	全速自适应巡航控制	FSRA	实时监测车辆前方行使环境,在设定的速度范围内自动调整行驶速度并具有减速至停止及从停止状态起步的功能,以适应前方车辆和/或道路条件等引起的驾驶环境变化
13	交通拥堵辅助	TJA	在车辆低速通过交通拥堵路段时,实时监测车辆前方及相邻车道行驶环境,经驾驶员确认后自动对车辆进行横向和纵向控制
14	加速踏板防误踩	AMAP	车辆起步或低速行驶时,因驾驶员误踩加速踏板产生紧急加速而可能与周边障碍物发生碰撞时,自动抑制车辆加速
15	酒精闭锁	AIL	在车辆起动前测试驾驶员体内酒精含量,并在酒精含量超标时锁闭车辆动力系统开关
16	自适应远光灯	ADB	能够自适应地调整车辆远光灯的投射范围,以减少对前方或对向其他车辆驾驶员的炫目干扰
17	自适应前照灯	AFS	能够自动进行近光灯或远光灯控制或切换,从而为适应车辆各种使用环境提供不同类型的光束

序号	主要功能	英文简称	功能相关介绍
18	远光自动控制	IHC	能够自动进行近光灯或远光灯控制或切换，从而为适应车辆各种使用环境提供不同类型的光束。IHC 要考虑两种情况，迎面开来的车与前方同向行驶的车。对于迎面开来的车，在一定距离时，如 800～1000 米，识别出其前向大灯，就将远光灯改为近光灯，而等交会过后，恢复远光灯。对于前方同向行驶的车，可以识别其尾灯，在接近一定距离时，将远光灯改为近光灯，同理，也可以由近光灯改为远光灯

　　高精度地图，通俗来讲就是精度更高、数据维度更多的电子地图。精度更高体现在精确到厘米级别，数据维度更多体现在其包括了除道路信息之外的与交通相关的周围静态信息。

　　高精度地图将大量的行车辅助信息存储为结构化数据，这些信息可以分为两类。第一类是道路数据，比如车道线的位置、类型、宽度、坡度和曲率等车道信息。第二类是车道周边的固定对象信息，比如交通标志、交通信号灯等信息，车道限高、下水道口、障碍物及其他道路细节，还包括高架物体、防护栏数目、道路边缘类型、路边地标等基础设施信息。

6.2　高精地图的用途

6.2.1　高精地图的主要用途

1. 高精地图用于定位

　　高精地图是自动驾驶的核心，许多无人驾驶导航模块都依赖高精地图。高精地图丰富的地理位置信息配合北斗卫星等提供的精确定位坐标，可以轻松实现车道级位置服务。如图 6-7 所示，小车停靠车道的交通信号灯情况可以实时显示在导航监视器上。

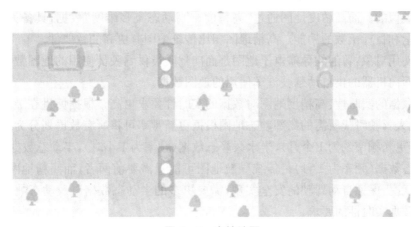

图 6-7　高精地图

2. 高精地图用于感知

无人车也可以使用高精地图来帮助感知,就像人的眼睛和耳朵会受到环境因素的影响一样,无人车的传感器也是如此。摄像机、激光雷达、雷达探测物体的能力,在超过一定距离后都会受到限制。在恶劣的天气条件下或在夜间,传感器识别障碍物的能力可能会受到进一步限制。另外当车辆遇到障碍物时,传感器无法透过障碍物来确定障碍物后面的物体。这时就需要借助高精地图的帮助。

图 6 - 8 高精地图

3. 高精地图用于规划

正如定位和感知依赖高精地图那样,规划也是如此。高精地图可帮助车辆找到合适的行车空间,如图 6 - 8 所示,还可以规划不同的路线,来帮助预测模块预测道路上其他车辆将来的位置。

4. 高精地图用于决策

车到了十字路口,高精地图会采集安全岛的信息,复杂十字路口有安全岛,车在决策过程中需要参考安全岛等重要因素,否则这辆车会冲上安全岛,导致行人发生交通事故。

6.2.2 高精地图与普通导航地图的区别

(1) 精度:一般电子地图精度在米级别,商用 GPS 精度为 5 米。高精度地图的精度在厘米级别(Google、Here 等高精度地图精度在 10～20 厘米级别)。

(2) 数据维度:传统电子地图数据只记录道路级别的数据,例如,道路形状、坡度、曲率、铺设、方向等。高精度地图(精确度厘米级别):不仅增加了车道属性相关(车道线类型、车道宽度等)数据,更有诸如高架物体、防护栏、树、道路边缘类型、路边地标等大量目标数据。高精度地图能够明确区分车道线类型、路边地标等细节。

(3) 作用 & 功能:传统地图起的是辅助驾驶的导航功能,本质上与传统经验化的纸质地图是类似的。而高精度地图通过"高精度＋高动态＋多维度"数据,具备为自动驾驶提供自变量和目标函数的功能。高精地图相比传统地图有更高的重要性。

(4) 使用对象:普通的导航电子地图是面向驾驶员供驾驶员使用的地图数据,而高精度地图是面向机器的供自动驾驶汽车使用的地图数据。

(5) 数据的实时性:高精度地图对数据的实时性要求更高。根据博世在 2007 年提出的定义,无人驾驶时代所需的局部动态地图根据更新频率可将所有数据划分为四类:永久静态数据(更新频率约为 1 个月),半永久静态数据(频率为 1 小时),半动态数据(频率为 1 分钟),动态数据(频率为 1 秒)。传统导航地图可能只需要前两者,而高精地图为了应对各类突发状况,保证自动驾驶的安全实现,需要更多的半动态数据以及动态数据,这大大提升了对数据实时性的要求。

6.3 V2X

V2X(vehicle-to-everything)即车辆自身和外界事物之间的信息交流。V2X 作为智能网联汽车通信技术的核心,车辆自身主要与外界事物进行信息交流,并非一般意义上的汽车联网,而是通过车上的 GPS 定位,RFID 识别,传感器、摄像头和图像处理等电子组件,按照约定的通信协议和数据交互标准,进行无线通信和交换的大系统网络,以此来实现车辆与一切可能影响车辆的实体实现信息交互,目的是减少事故发生,减缓交通拥堵,降低环境污染以及提供其他信息服务。

进行无线车车联网 V2X 就是把车连到网或者把车连成网,包括汽车对互联网(V2N)、汽车对汽车(V2V)、汽车对基础设施(V2I)和汽车对行人(V2P)。

V2I 即车辆与基础设施相连接(Vehicle To Infrastructure),I 在此包含了交通信号灯、公交站、电线杆、大楼、立交桥、隧道、路障等交通设施设备。V2I 通信功能采用车载智能交通运输系统的 760MHz 频段,可以在不影响车载传感器的情况下实现基础设施与车辆之间的相互通信功能。

简单点解释,就好比为盲人配上一根导盲杖,导盲杖接触到地方就可以看作是车辆与基础设施之间的信息交互,它可以避免盲人碰到墙,同样的道理,车辆可以以此收集周围环境的信息。

V2P 即车辆与行人相连(Vehicle to Pedestrian),车子想要实现自动驾驶,可路上终会有行人,我们不可能像游戏里一样有传送技能,或者为行人发明一种传送带,让人可以想去哪里就去哪里。这关乎人身安全、交通秩序以及社会安定等方面,所以 V2P 是自动驾驶中最重要的环节之一。

实现车辆感知行人的方法很多,除了比较直观的摄像机和各种传感器外,信息互联也是一种有效的办法。比如行人使用的终端,如手机、平板、可穿戴设备等,都可以实现人与车辆的互联。到那时候还想碰瓷就难上加难了,汽车绕开行人走,除非自己送上来"主动碰瓷"。

总结一下,V2X 就是对车载传感器的完善,甚至可以说车载传感器只是其辅助手段。它就像是给人们配上了智能手机,它可以无死角、穿越任何障碍物来获取信息,还可以和其他"手机"形成互联,信息互通。同时还可以通过计算来进行智能操作,完美履行"司机"的义务。

与车载传感器相比,它还不会受天气状况的影响。比如,沙尘天气或者大雨、大雾下,车载摄像机的作用就会被减弱,但 V2X 依然可以保持正常的工作。

6.4 智能网联汽车的操作系统

目前常用的 Linux 发行版本主要为 Ubuntu、Red Hat、CentOS、Debian、Fedora Core、SuSE、Gentoo、Arch、Kali、Slackware 等。

6.4.1　Linux 操作系统

Linux 是一种广泛使用的嵌入式操作系统。嵌入式系统是以应用程序为中心，以计算机技术为基础，软硬件可以根据需要进行增减。

嵌入式系统通常包括硬件和软件，硬件包括嵌入式处理器、内存和各种外围设备。软件部分包括嵌入式操作系统和用户应用程序。

Linux 代码是完全开放的，Linux 内核是操作系统的灵魂，包括内核的抽象和对硬件资源的间接访问，Linux 以统一的方式支持多任务处理。此方法对用户进程和每个进程都是透明的，内核同时运行多个进程，允许多个进程公平合理地使用硬件资源。

Linux 操作系统的结构一般由 Linux 内核、命令解释器(Shell)、文件系统以及应用程序四大部分构成。

1. Linux 内核

Linux 内核无疑是 Linux 操作系统的核心。它由以下五个子系统构成，如图 6-9 所示。

① 进程调度；
② 内存管理；
③ 虚拟文件系统；
④ 网络接口；
⑤ 进程之间的通信。

图 6-9　Linux 内核

2. 命令解释器——Shell

Shell 是应用于 Linux 系统中的命令解释器，其作用和 Windows 系统的命令提示符一样，都是为当前用户提供与系统内核进行交互操作的一种用户界面，如图 6-10 所示。

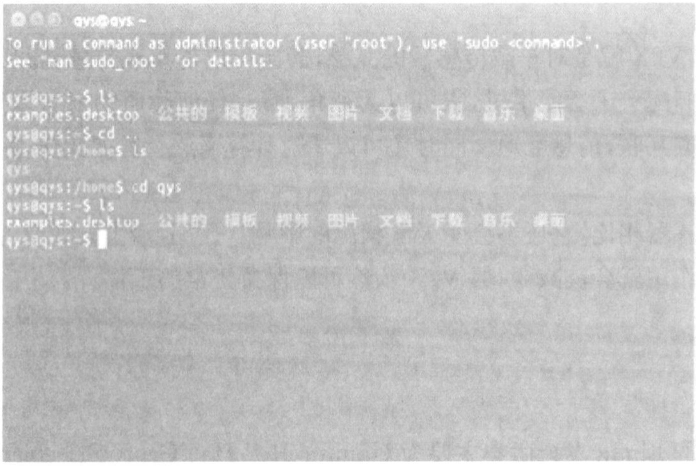

图 6-10　命令解释器

3. 文件系统

文件系统是指 Linux 系统将用户所有文件在各种存储设备上进行有效的存取。Linux 系统文件主要包括：

① 普通文件，如.cpp 文件、文本文件、二进制文件等；

② 目录文件，Linux 系统下的主要目录结构；

③ bin 目录下存放的是系统命名文件；

④ boot 目录下存放的是起动 Linux 系统的核心文件；

⑤ dev 目录下存放的是所有设备文件；

⑥ etc 目录下存放的是系统管理和配置文件；

⑦ home 目录下存放的是系统中所有用户的主目录及相关文件；

⑧ lib 目录下存放的是函数库文件；

⑨ root 目录下存放的是系统管理员相关的文件；

⑩ sys 目录下存放的是 Linux 的系统文件；

⑪ mnt 目录下存放的是各种挂载文件，如 USB 设备；

⑫ opt 目录下存放的是可选的应用安装包；

⑬ var 目录下存放的是日志类文件。

4. 应用程序

安装完 Linux 后，系统一般都会为用户提供文本编辑器、数据过滤器等程序集合。

6.4.2　Linux 系统的特点

Linux 系统的特点，具体如下：

（1）系统源码对外开放，便于进一步研究学习和完善 Linux 系统；

（2）免费使用；

（3）具有较高的稳定性能，可长时间连续运行；

（4）应用领域较为广泛，Linux 不仅可在计算机设备中使用，还可以在路由器、机顶盒、手机、平板以及嵌入式设备中进行安装并使用；

（5）Linux 系统本身消耗的内存相对较少。

正是因为 Linux 具有以上特点，所以人们都将 Linux 作为基础系统，从而开展对汽车自主驾驶或智能网联汽车领域的学习和探索。

6.5　智能网联汽车的开发平台——ROS

ROS 是 Robot（机器人）＋Operating（操作）＋System（系统）的简称，即为机器人操作系统。ROS 主要组件包括 ROS Master、ROS Node 和 ROS Service 三种。

现代智能网联汽车的自主驾驶系统整合了路径规划、避障、导航、交通信号监测等多个软件模块和计算、控制、传感器模块等多个硬件模块，如何有效调配软硬件资源也是一个挑战。简单的嵌入式系统并不能满足无人驾驶系统的上述需求，我们需要一个成熟、稳定、高性能的操作系统去管理各个模块，如图 6-11 所示。

Node	Service	Node

Publication

Node	Topic	Node

Message　　　　　　　　　　Subscription

| Node | Publication | Node |

图 6-11 ROS 节点

ROS 从严格意义上来讲并不是一个真正的操作系统，而是一款用于机器人或人工智能的应用软件开发平台。要保证一个复杂的系统稳定、高效地运行，每个模块都能发挥出最大的潜能，ROS 提供了一个成熟有效的管理机制，使得系统中的每个软硬件模块都能有效地进行互动。它提供了大量的程序库和工具，从而使得开发人员能够更好地在机器人或人工智能领域中进行学习与研究。如图 6-12 所示，而且 ROS 本身还具有许多功能，如硬件设备驱动、可视化工具、消息传递等。

图 6-12 ROS 系统界面

ROS 的主要设计目标是为了尽可能地避免或减少重复的现象出现。共享大量可复用的程序及源代码，便于更多的相关领域人才参与到机器人和人工智能两大领域的学习和研究中。

目前，ROS 的应用领域除了无人驾驶和智能网联汽车领域外，还包括物流仓储领域、工业生产领域和交通管理领域等。

ROS 的特性，包括以下几点：

（1）点对点设计。ROS 在处理进程之间的通信时，采用了耦合度相对较低的点对点设计。

（2）分布式设计。ROS 是一个分布式设计的框架,不仅可以实现 ROS 工程之间的集成和发布,还能够移植到其他机器人软件平台上使用。

（3）支持多种语言。ROS 可支持多种编程语言,如 C＋＋、Java、Python、Lisp、Lua、Ruby 等。

（4）丰富的功能软件包。目前 ROS 已经可以支持使用的第三方软件包数量达到数千个,从而大大提高了开发与测试的工作效率。

（5）免费且开源性。ROS 是一款免费且开源的操作系统。ROS 中的所有源代码都是公开发布的,因此,有利于人们对 ROS 进一步的学习、研究与完善。

扫码可见
本章微课

城市轨道交通系统

随着世界各国城市化的发展,城市人口密集、交通拥堵、环境污染严重、能源匮乏、居民出行时间长、出行难等所谓的城市疾病不断涌现,城市交通成为困扰城市发展的主要问题。特别是第二次世界大战后,城市发展几乎是一个不断满足机动化的过程。然而,为了提高机动性,城市必须不断增加道路设施的供给。新的道路建设降低了出行时耗,但同时引发了新的出行需求,在经过一段时间后又回升到新的交通拥堵水平。因此,城市总是在道路拥堵—增加运输能力—增加旅行速度—刺激城市延伸—增加旅行量—再拥堵之间循环,而道路的增长始终跟不上汽车的生产速度。土地是一种不可再生的有限资源,道路不可能无限增长,这就需要一种运量中等、能耗低、占地少的交通形式来解决日益增加的交通拥堵问题,于是轨道交通应运而生。

城市轨道交通是指在城市公共客运交通系统中以电能为动力、具有固定轨道线路、配备运输车辆及服务设施的快速大运量公共交通设施和方式。

7.1 城市轨道交通车站和线路设备

世界城市轨道交通的发展大致经历了五个阶段。

一、城市轨道交通萌芽阶段(19 世纪初至 19 世纪末)

有轨公共马车作为城市轨道交通的雏形是于 19 世纪初开始登上历史舞台的。1827年,世界上第一条有轨马车出现在纽约百老汇的大街上(如图 7-1);1832 年,有轨公共马车在美国纽约的第 4 大街正式运营(如图 7-2);从 1855 年开始,有轨公共马车大规模地替代了无轨公共马车在美国及欧洲迅速扩展,到了 1890 年,有轨公共马车(马拉铁路)的轨道线路总里程达到 9900 km。

图 7-1 19 世纪初的有轨马车

图 7-2 美国迪斯尼乐园的现代版有轨马车

工业革命推动了原有城市规模的扩大和新工业城市的兴起,城市人口急骤增长。虽然有轨公共马车比无轨公共马车有了很大的改进,但随着城市人口及车辆的增加,在平交道口出现的交通堵塞问题日益严重。交通的拥堵使人们想到了将交通线路往地下铺设,以便很好地解决客流膨胀与土地紧张的问题。

以英国为例,经过 20 年的酝酿和建设,世界上第一条地下城市铁路(Metropolitan Railway)——地铁,于 1863 年在伦敦正式运营(如图 7-3)。这条铁路线路从帕丁顿(Paddington)到弗灵顿(Farringdon),地铁的动力是向英国铁路公司租借的蒸汽机车,线路长约 7.6 km,隧道横断面高 5.18 m、宽 8.69 m,为单拱形砖砌结构。它标志着城市轨道交通在世界上正式诞生。

图 7-3　世界上最古老的伦敦地铁

早期的地铁由蒸汽机车牵引,为了把烟雾排出,车站甚至没有顶棚。虽然当时地铁设施简陋,而且污染严重,但由于它不像地面道路那样拥堵,还是受到了广大市民的欢迎。

二、城市轨道交通初步发展阶段(19 世纪末至 20 世纪 20 年代)

19 世纪末,电力机车牵引的方式开始进入城市轨道交通领域,该方式大大提升了城市轨道交通的实用性。在这一阶段,欧美的城市轨道交通发展较快,其间 13 个城市建成了地铁,还有许多城市建设了有轨电车。

有轨电车是 19 世纪 80 年代登上历史舞台的。1881 年德国柏林工业博览会上展示了一列 3 车辆编组的小型有轨电车,它只能乘坐 6 人,在 400 m 长度的轨道上演示。1888年,世界上第一条有轨电车系统在美国的弗吉尼亚州的里士满市投入商业运营。

有轨电车是于 19 世纪末进入我国的。1899 年,德国西门子在北京修建了马家堡至永定门的有轨电车线路(如图 7-4),但在 1900 年义和团起义进攻北京时被拆毁。1906 年,天津第一条有轨电车线路运营(如图 7-5),成为我国第一个拥有有轨电车的城市。随后,上海、大连、北京、沈阳、哈尔滨、长春和香港等城市也相继修建了有轨电车线路。

图 7-4 古老的北京有轨电车　　　　图 7-5 古老的天津有轨电车

三、城市轨道交通的停滞萎缩阶段(20世纪20年代至40年代末)

第二次世界大战的爆发和汽车工业的发展导致了城市轨道交通的停滞和萎缩。

四、城市轨道交通复苏阶段(20世纪50年代至60年代)

第二次世界大战后,各国经济开始恢复,世界各大城市地铁建设蓬勃发展。在此期间,加拿大的多伦多、蒙特利尔,意大利的罗马、米兰,美国的费城、旧金山,前苏联的列宁格勒、基辅,日本的名古屋、横滨,韩国的汉城,我国的北京等30座城市相继建成了地铁。其中,我国的北京第一条地铁线于1969年建成通车,线路全长23.6 km。

五、城市轨道交通高速发展阶段(20世纪70年代至今)

20世纪70年代和80年代,各国地铁建设进入高峰期。据日本地铁协会统计,到1999年,全世界已有125个城市建成地铁,线路总长度为7000 km。20世纪地铁的发展,从1900年世界上只有6条地铁线路,到2000年增加到了106条,百年建成了百条地铁线路,并且80%的地铁线路都是在第二次世界大战后特别是70年代建成的。

中国地铁自20世纪末开始进入建设高潮阶段。例如,上海市自1993年第一条地铁线路建成至今,地铁线路达到了831 km,预计2030年将达到1055 km。

由于地铁造价昂贵,建设进度受财政和其他因素制约,西方大城市在建设地铁的同时,又重新把注意力转移到地面轨道上来。利用现代高科技开发了新一代噪声低、速度高、转弯灵活、乘客上下方便,甚至照顾到老人和残疾人的低地板新型有轨电车(如图7-6)、独轨电车和磁悬浮列车。在线路结构上,也采用了降噪声技术措施。在速度要求较高的线路上,采用专用车道;与繁忙道路交叉处,进入半地下或高架交叉,互不影响;对速度要求不高的线路,可与道路平齐,与汽车混合运行。

总之,城市轨道交通的高速发展,既方便了城市居民出行,又引导了城市发展,在节约资源、能源与环保等方面也具有比较大的优势,还能促进沿线土地开发,加快城市发展,产生明显的国民经济效益、社会效益和生态效益。特别是进入21世纪后,城市轨道交通的建设和运营实践都证明,轨道交通的发展对解决大城市交通拥堵,提高居民生活质量和环境质量,调整城市布局结构和产业结构以及拉动城市社会经济持续发展都具有重要意义。

| (a) 维也纳有轨电车 | (b) 沈阳有轨电车 |

图 7－6　新型有轨电车

7.1.1　车站的概念和分类

车站是城市轨道交通体系中的重要建筑物。车站的选址、布置、规模等不仅影响运营效益，而且影响城市交通的通畅；车站往往又是连接其他交通设施的枢纽，方便的交通又会促进城市的健康发展。

一、车站的概念

车站是在城市轨道线路上设有配线，供列车到发、通过、折返、停车的地点，是吸引客流和疏散客流，供旅客乘降、换乘和候车的基本设施。因此，车站既要满足乘客安全、迅速、方便的乘车出行需求，又要为乘客提供舒适、整洁、环保的乘车环境。

二、车站的分类

车站按照不同的方法可以分成为不同的类型。

（一）按车站所处的空间位置分类

按车站所处的空间位置分为地面车站、地下车站、高架车站三种类型。

1. 地面车站

车站设置在地面层。由于占用地面空间，最容易造成轨道交通区域分割，所以，一般在城乡接合部采用此类型车站，它最大的优点是造价低（如图 7－7）。

2. 地下车站

受地面建筑群影响，轨道交通线路设置于地下，其车站也随之设置于地下，主要是为了节省地面空间。根据其埋深，地下车站又可分为浅埋式车站和深埋式车站两种类型，其造价方面，埋深越大的车站，造价越高（如图 7－8）。

3. 高架车站

车站置于高架桥的桥面，在结构上比较简单，造价大大低于地下车站（如图 7－9）。

图 7－7　地面车站效果图

图7-8　地下车站效果图　　　　　　　图7-9　高架车站效果图

(二) 按车站运营的性质分类

按车站运营的性质不同分为中间站、换乘站、折返站、越行站、接轨站和终点站(如图7-10)。

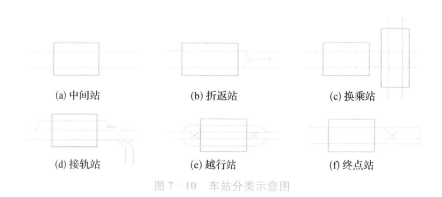

(a)中间站　　　　　　(b)折返站　　　　　　(c)换乘站

(d)接轨站　　　　　　(e)越行站　　　　　　(f)终点站

图7-10　车站分类示意图

1. 中间站

中间站仅供乘客上、下车之用,功能单一,是线路数量最多的车站。另外,由于车站所处的位置不同,还具有购物、城市景观等其他功能。中间站通常由站台、车站大厅或广场、售票厅、轨道交通企业专用空间和出入口通道组成。

2. 换乘站

换乘站是位于两条及两条以上线路交叉点上的车站。它除了具有中间站的功能外,更主要的是它还可以用于线路之间的换乘。因此,它除了配备供乘客乘降的站台、楼梯或自动扶梯外,还要配备供乘客由一线站台到另一线站台的换乘设施(如通道等)。

3. 折返站

折返站也称区间站,是在车站内有尽端折返设备的中间站,能使列车在站内折返或停车。在该站到达的折返列车上的全部乘客都要下车,列车掉头后从本站出发的乘客再上车。

4. 越行站

每个行车方向具有一条以上站线(含正线)的中间站,其中靠近站台的站线供本站停靠的列车使用,离站台稍远的站线供非本站停靠的越行列车使用。

5. 接轨站

接轨站是位于轨道交通线路分岔处的车站,可以在两个方向上接车和发车。

6. 终点站

终点站是位于线路起、始点处的车站。在终点站,所有乘客必须全部下车;该站除了供乘客乘降外,还用于列车折返及停留,因此,终点站一般设有多股停车线。如果线路需要延长时,则终点站可作为中间站或折返站来使用。

(三) 按车站站台的性质分类

按车站站台的性质分为岛式站台车站、侧式站台车站和混合式站台车站(如图7-11)。

图 7-11　不同类型站台车站示意图

1. 岛式站台车站

岛式站台车站是指站台位于上、下行行车线路之间的车站(如图7-12)。车站选择岛式站台,主要是由于区间上下行线路的线间距较大,所以大多数地下车站以及线间距大的车站均设置岛式站台。

这种车站的优点是站台面积利用率高;能灵活调剂客流;乘客中途改变乘车方向方便;便于车站集中管理;站台空间宽阔。这种车站最适于客流量较大的车站。

2. 侧式站台车站

侧式站台车站是指站台位于上、下行线路两侧的车站(如图7-13)。

这类车站的优点是上下行乘客可避免相互干扰,正线和站线间不设喇叭口,造价低,改建容易。缺点是站台面积利用率低,不可调剂客流,中途改变乘车方向需经地道或天桥;车站管理分散,站台空间不及岛式站台宽阔,多用于两个方向客流量较均匀(或流量不大)的车站或高架车站。

图 7-12　台北岛式站台车站

图 7-13　港铁侧式站台车站

3. 混合式站台车站

混合式站台车站是指在一个车站兼有岛式站台和侧式站台两种形式,主要用于两侧站台换乘或列车折返。有一岛一侧式车站,也有一岛两侧式车站(如图 7 - 14)。

图 7 - 14　巴黎混合式站台车站

7.1.2　车站客运主要设备设施

一、车站用房

各城市轨道交通运营公司对城市轨道车站用房的定义不尽相同。一般来讲,车站用房包括设备用房、运营管理用房和辅助用房等。根据客流的大小,在不影响客流集散的同时还可以设置商业用房。

1. 设备用房

设备、管理用房基本分设于车站两端,一端大,一端小,中间作为站厅公共区。

设备用房是安置各类设备、进行日常维修及保养设备的场所,一般分为票务维修室、通信机械室、信号机械室、环控配电室、照明配电室、低压配电室、蓄电池室、环控机房、气瓶间、污水泵房、混合风室、风机房、电缆井、屏蔽门控制室、电梯机房、变电所控制室、动力变压器室、变电所储藏室、变电所检修室、变电所整流变压室、高压开关柜室、整流器柜及直流开关柜室等。设备用房中最大的是环控机房,它包括冷冻机房、通风机房及环控电控室。

2. 运营管理用房

运营管理用房包括站长室、会议室和公安保卫室(警务室)、车站控制室、票务室、信号值班室以及站台监视亭等。在管理用房中主要解决站控室及站长室的位置以及消防疏散工作楼梯的位置、工作人员卫生间的位置。

3. 辅助用房

辅助用房的主要功能是为乘客办理各种有关乘车的业务,或提供与乘车相关的咨询业务。辅助用房主要有客服中心、临时票亭等。

4. 其他用房

其他用户包括洗手间、更衣室、休息室、备品库、垃圾间、清扫工具间等。另外,有些车站设有公用电话亭、银行或自助银行等。

二、安全护栏、屏蔽门

安全护栏或屏蔽门都是为了保证乘客在站台上乘降安全而设置的。针对轨道运输车站站台高的特点,为有效防止乘客乘降前后在站台边沿掉入股道的事故发生,车站应设置屏蔽门或护栏(如图 7 - 15 和图 7 - 16)。

屏蔽门又称站台幕门或安全门,是指在月台上以玻璃幕墙的方式包围铁路月台与列车上落空间。列车到达时,开启玻璃幕墙上电动门供乘客上下列车。屏蔽门虽然在维护上有一定的投入,但其安全效益是长远的。

图 7 - 15　地铁屏蔽门　　　　　　　　图 7 - 16　地铁安全护栏

三、车站通道设备

乘客从车站出入口到站厅层或从站厅层到站台层需要通过一定的通道,通道是联系城轨车站出入口和站厅层的纽带(如图 7 - 17)。不管地下还是高架车站,一般从立体结构上分为三层或两层,大型换乘枢纽站分层更多,所以每层之间的联系通道设计也将直接影响到站内乘客流线的组织。通道的设计应以乘客流动的路线为主要考虑依据,遵循两个原则,即减少进出站乘客流线的交叉和最大限度缩短乘客从出入口到站台的行走距离。

(a)　　　　　　　　　　　　　　　　　(b)

图 7 - 17　通道立体效果图和换乘标识

通道主要由楼梯、电梯和步行道构成。由于地下或高架车站一般由地下(上)两三层组成,各层之间都设有楼梯、自动扶梯或垂直电梯,以方便不同需要的乘客进、出车站和乘车。

四、照明与低压配电系统

1. 照明系统

地铁车站的地下地域特征及地铁运营性质决定了地铁内照明种类的多样化,进而决定了照明配电回路的数量不亚于动力用电回路。按属性分为应急照明、节电照明、标志照明、出入口照明、一般照明、广告照明、事故照明等若干种。

一般照明是地铁车站地道、站厅、站台内设置灯具最多的一种照明。这种照明用来保证乘客在地铁车站里能安全地候车和上下车。

应急照明是正常照明以外的一种备用照明。应急照明装置是一种新颖的照明灯具，内装有小型密闭蓄电池、充放电转换装置、逆变器和光源等部件。

2. 低压配电系统

地铁的独立特性决定了低压配电的复杂性。低压用电设备数量大、类型多、负责范围广，系统设计考虑因素比较复杂，如电线电缆的选择、配电结构等。低压配电系统直接向轨道交通中的低压用电设备提供电能，并且监控通风空调、给排水设备和照明设备的运行状态。

图 7 - 18 自动售货机

五、其他设备

（1）冷却塔：冷却塔是主要为中央空调提供散热的设备。冷却塔原则上按车站"一端布置，每站一组"设置。

（2）商业设备：如售货厅、自动售货机等（如图 7 - 18）。

（3）对讲器：安装于售票问讯处和车站控制室的玻璃窗前，当乘客有需要帮忙时，可以及时与地铁车站工作人员对话联系。

7.1.3 城市轨道交通的线路设备

城市轨道交通线路是由各种不同零部件所组成的，具有规定的强度和稳定性，能保证列车以规定的速度，平稳、安全、正点及不间断地运行的整体工程结构。

传统线路的基本结构一般由钢轨、轨枕、道岔、道床、联结零件和轨道加强设备等组成（如图 7 - 19），是城市轨道交通列车行车的基础，是城市轨道交通运营的重要设备之一。其作用是引导机车车辆的运行，直接承受机车车辆车轮的垂直力和水平力，还承受机车车辆弹簧振动产生的冲击力、列车运行及制动时产生的纵向力、因机车车辆摇晃而引起的能使列车通过曲线时产生的侧向力。此外，受雨、雪、风以及气温变化的影响，温度应力式无缝线路还承受一定的温度应力。轨道把这些力均匀地传给路基和桥隧建筑物。

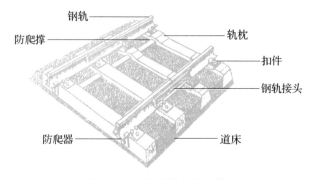

图 7 - 19 线路的基本结构

一、钢轨

钢轨是轨道最重要的组成部件,直接承受列车的荷载,其依靠钢轨头部内侧面和机车车辆轮缘的相互作用,引导列车运行,并依靠其本身的刚度和弹性把机车车辆荷载分布开来,传递给轨枕。另外,钢轨还有为供电、信号电路提供回路的作用。

钢轨断面形状为"工"字形,由轨头、轨腰、轨底三部分组成(如图7-20)。轨头应具有足够的表面面积及厚度,以延缓轨头压溃和磨耗。轨腰主要承受剪力,可使钢轨具有较大的竖向刚度。轨底应具有一定宽度,以分布压力和保持稳定。

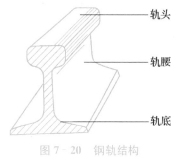

图7-20　钢轨结构

二、轨枕

轨枕是轨下基础部件之一。它的功用是支撑钢轨,保持轨距和方向,并将钢轨对它的各向压力传递到道床上。

轨枕分为木枕和钢筋混凝土枕,这两种轨枕主要用于停车场和地面线的碎石道床。城市轨道交通线路大多铺设整体道床,根据其特点,在传统的木枕和钢筋混凝土枕的基础上又出现了改良的短木枕、混凝土短枕、混凝土支承块等。短木枕主要用于停车库内检查坑式整体道床。城市轨道交通正线线路,大多采用混凝土短枕、混凝土支承块和混凝土长枕。

(1) 木枕。木枕分为普通木枕(如图7-21)、木岔枕(道岔用木枕)、桥枕(桥梁用木枕)和短木枕。其中,桥枕在城市轨道交通中基本不使用。

木枕的主要特点是:弹性好,质量相对比较小,加工、运输及铺设方便,但使用寿命比较短,易受外界影响而失效。

(2) 钢筋混凝土枕。钢筋混凝土枕(如图7-22)主要分为混凝土长枕、混凝土短枕和混凝土支承块。其中,混凝土长枕在城市轨道交通中使用的多为预应力混凝土枕,在我国又可分为Ⅰ型混凝土轨枕(丝79型PC轨枕)、Ⅱ型混凝土轨枕(丝81型PC轨枕)和Ⅲ型混凝土轨枕。

图7-21　普通木枕

图7-22　钢筋混凝土枕

钢筋混凝土枕的主要特点是:稳定性好,使用寿命长,能提供较高的阻力,但质量比较大,不利于铺设,且弹性比较差。

三、道床

道床是铺设在路基之上,轨枕之下的结构层,它主要有承受并传递荷载,稳定轨道结构的作用。道床从结构和形式上可分为碎石道床和整体道床两种。

1. 碎石道床

碎石道床结构简单,容易施工,减震、减噪性能较好,造价低,但其轨道建筑高度较高。因此,造成结构底板下降,隧道的净空加大,排水设施复杂,养护工作频繁,更换轨枕困难。道床作业时,粉尘飞扬,危害工作人员健康。一般在地面线及停车场道岔区域,采用木枕或钢筋混凝土枕的碎石道床(如图7-23和图7-24)。

图7-23 单趾弹簧扣件   图7-24 减震扣件

2. 整体道床

整体道床也称无砟道床,其特点是整体性好,坚固、稳定、耐久;轨道建筑高度小,隧道净空得到减少,轨道维修量小。整体道床适应城市轨道交通运营时间长、维修时间短的特点,但其弹性差,列车运行引起的震动、噪声比较大,造价比较高,施工时间长。

整体道床主要有无枕式整体道床(如图7-25)、轨枕式整体道床、弹性整体道床等类型。

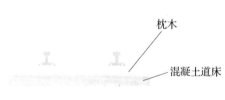

枕木

混凝土道床

图7-25 无枕式整体道床

四、防爬设备

列车运行时常常产生作用在钢轨上的纵向力使钢轨做纵向移动,有时甚至带动轨枕一起移动,这种纵向移动叫作爬行。列车速度越高,轴重越大,爬行就越严重。

线路爬行往往引起接缝不匀、轨枕歪斜等现象,对线路的破坏性很大,甚至造成涨轨跑道,危及行车安全。因此,必须采取有效措施来防止爬行。目前,采用的方法除了加强轨道的其他有关组成部分以外,还采取防爬器和防爬撑(如图7-26)来防止线路爬行。

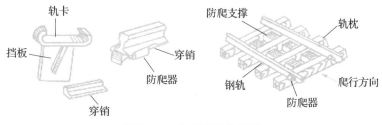

图7-26　防爬器和防爬撑

五、道岔

道岔是引导车辆由一条线路转向另一条线路的过渡设备(如图7-27)。道岔是轨道线路的重要组成部分。道岔构造复杂,也是线路的薄弱环节之一。

城市轨道交通中大量使用普通单开道岔,一组普通单开道岔(简称单开道岔),由转辙器、连接部分、辙叉及护轨组成(如图7-28)。

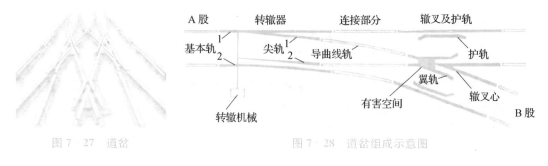

图7-27　道岔　　　　　　　图7-28　道岔组成示意图

1. 转辙器

转辙器是引导车轮进入道岔不同方向的设备,其作用是将尖轨置于不同的位置,使列车沿着直向或侧向运行。

转辙器主要包括两根基本轨、两根尖轨、联结零件及根部结构等。

(1) 基本轨是道岔中接触尖轨和靠近护轮轨的钢轨。

(2) 尖轨是转辙器中的重要部件之一。尖轨是用与基本轨同类型的标准钢轨或特种断面钢轨刨切而成的。尖轨的作用是依靠其被刨尖的一端与基本轨紧密贴靠,正确引导车轮的运行方向,使列车靠它引进直股或侧股线路上。

2. 连接部分

转辙部分和辙叉部分的连接轨道为连接部分。它包括四股钢轨,即两股直线钢轨和两股曲线(道岔曲股连接部分为导曲线)钢轨,重叠组成。

3. 辙叉及护轨

(1) 辙叉　辙叉是道岔中两股线路相交处的设备。它的作用是使列车能够按确定的行驶方向,跨越线路正常地通过道岔。辙叉分为钢轨组合式辙叉、高锰整铸式辙叉和可动心轨式辙叉三种类型。

（2）护轨　护轨与辙叉的配合有两方面的作用：一方面它可以控制车轮的运行方向，使之正常通过"有害空间"而不错入轮缘槽；另一方面它可以保护辙叉尖端不被轮缘冲击撞伤。

道岔按其用途和结构分为单式道岔、复式道岔、交分道岔、渡线等四种类型。

（1）单式道岔　使一条线路通向两条线路的道岔叫作单式道岔。单式道岔又分为普通单开道岔和对称单开道岔等类型。

城市轨道交通普遍采用的单式道岔为普通单开道岔。普通单开道岔保持主线为直线，侧线在主线的左侧或右侧岔出（面对道岔尖端而言）。

侧线向左侧岔出的，称为左向单开道岔，简称左开道岔（如图 7 - 29）。

侧线向右侧岔出的，称为右向单开道岔，简称右开道岔（如图 7 - 30）。

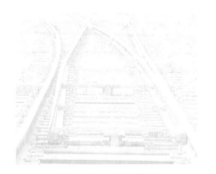
图 7 - 29　左开道岔

图 7 - 30　右开道岔

对称单开道岔（如图 7 - 31）是指道岔各部分均按辙叉角平分线对称排列，两条连接线路的曲线半径相同，且无直向和侧向之分，两侧线的运行条件相同。

（2）复式道岔　为了节省用地，缩短线路总长，或由于受地形限制，道岔铺设位置不能按照一前一后逐组错开铺设，必须把一组道岔纳入另一组道岔内，便形成复式道岔。复式道岔（如图 7 - 32）分为复式对称道岔、复式异侧不对称道岔。

图 7 - 31　对称单开道岔

图 7 - 32　复式道岔

（3）交分道岔　两条线路相互交叉，列车不仅能够沿着直线方向运行，而且能够由一直线转入另一直线，这种道岔叫作交分道岔。交分道岔又分为单式交分道岔和复式交分道岔两种类型。

① 单式交分道岔：两条线路相交，中间增添两副转辙器和一副连接曲线，列车可沿某一侧由一条线路转入另一条线路，这种道岔叫作单式交分道岔（如图 7 - 33）。

② 复式交分道岔:两条线路相交,中间增添四副转辙器和两副连接曲线,列车能沿任何一侧由一条线路转入另一条线路,这种道岔叫作复式交分道岔(如图7-34)。这种道岔既能达到线路交叉的目的,又能起到线路连接的作用。一组复式交分道岔能起到四组单式道岔的作用,与普通道岔比较起来,不仅能节省用地面积,同时也能节省调车作业时间。

图7-33 单式交分道岔

图7-34 复式交分道岔

(4) 渡线 利用道岔或固定交叉连接两条相邻线路的设备,称为渡线。渡线可分为单渡线和交叉渡线两种类型。

① 单渡线:两条线路上的两组单开道岔通过同类型的钢轨将其侧向连接起来的结构称为单渡线。

② 交叉渡线:两条线路上利用交叉设备,使得两组单渡线互相交叉形成的结构,称为交叉渡线(如图7-35)。

图7-35 交叉渡线

7.2 城市轨道交通的车辆

城市轨道交通是以列车或单车形式,运送相当规模客流量的城市公共交通方式。由于车辆通常是由电力驱动的,因此,又称为电动列车。

电动列车在全封闭或部分封闭的专用轨道线路上,依靠列车受流器从接触网获取电能,根据信号及预先编制的运行图、在行车组织部门的指挥下有序行驶,所以电动列车是城市轨道交通系统中各专业技术成果的综合载体。由于城市轨道交通车辆作为运送乘客的运输工具,必须有良好的牵引、制动性能,能快速起动或停车,以保证车辆运行的安全、准点和快捷,同时还要有良好的乘客服务设施,使乘客感到舒适和方便,因此,在城市轨道交通系统中有着至关重要的地位。

7.2.1 城市轨道交通车辆的分类

城市轨道交通车辆种类繁多,可按车辆制式、牵引动力配置、车辆规格三方面分类。

一、按照车辆制式分

随着城市轨道交通车辆设计制造技术的发展,出现了多种制式车辆,以满足不同线路条件和环境的要求。按走行部分与行驶轨道之间的匹配关系来分,车辆的制式主要有钢轮钢轨制式车辆(如图 7-36)、胶轮制式车辆(如图 7-37)、独轨制式车辆、直线电动机车辆、导轨制式车辆、磁浮车辆等。

图 7-36　钢轮钢轨制式车辆　　　　图 7-37　胶轮制式车辆

通常情况下所讲的城轨车辆,多指的是钢轮钢轨制式的车辆,主要应用于地下铁道或轻轨系统中。

我国推荐的轻轨电动车辆有三种形式,即四轴动车、六轴单铰接式车(如图 7-38)、八轴双铰接式车(如图 7-39)。

图 7-38　六轴单铰接式车　　　　图 7-39　八轴双铰接式车

二、按照牵引动力配置分

按牵引动力配置分,城轨车辆可分为动车(Motor)和拖车(Trailer)。

动车(以 M 表示)本身带有动力装置,即装有牵引电动机,因此,其具有牵引和载客的双重功能,动车又可分为带有受电弓的动车和不带受电弓的动车。

拖车(以 T 表示)本身没有动力牵引装置,需要通过动车的牵引拖带来实现运行,因此,仅有载客功能,可设置司机室,也可带受电弓。

城轨车辆在运营时一般采用动拖结合、固定编组,从而形成电动列车组。

三、按照车辆规格分

建设部在 1999 年颁布的《城市快速轨道交通工程项目建设标准(试行本)》中对我国城轨车辆的类型做了规定,主要根据车体宽度的不同,将城轨车辆分为 A 型车(宽度 3 m)、B 型车(宽度 2.8 m)和 C 型车(宽度 2.6 m)三种。

在进行城轨车辆选型的时候，主要是根据线路远期高峰小时的运量要求来进行的。

（1）高运量：单向运能 5 万～7 万人次/小时，选择 A 型车。

（2）大运量：单向运能 3 万～5 万人次/小时，选择 B 型（或 A 型）车。

（3）中运量：单向运能 1 万～3 万人次/小时，选择 C 型（或 B 型）车。

一般选用 A 型或 B 型车辆的轨道交通线路称为地铁，采用 5～8 节编组列车；选用 C 型车辆的轨道交通线路称为轻轨，采用 2～4 节编组列车。

我国的一些大城市在城轨开始投入运营时，只有上海、广州、深圳、南京四个城市的地铁使用 A 型车，当前新建地铁的城市大多采用 B 型车，如苏州、杭州、沈阳、长春等。

7.2.2　各类车型的主要技术标准

城市轨道交通系统的突出特点是大客运量，由于它可以运行在城市地下隧道、地面或高架，根据车辆的类型不同其标准也不同。

一、地铁车辆

根据线路和客运规模不同，可选用大运量的地铁车辆。其主要技术标准及特点见表 7 - 1 所示。

表 7 - 1　地铁车辆的主要技术标准及特点

分类	车辆和线路条件	客运能力 N/（人次/小时） 运营速度 V/（km/h）	备注
A 型车辆	车长：24.4 m 或 22.8 m 车宽：3.0 m 定员：310 人 线路半径：≥300 m 线路坡度：≤35‰	N：4.0 万～7.5 万 V≥35	高运量 适用于地下、地面或高架 （上海轨道交通 1、2、3 号线）
B 型车辆	车长：19.52 m 车宽：2.8 m 定员：230～245 人 线路半径：≥250 m 线路坡度：≤35‰	N：3.0 万～5.0 万 V≥35	大运量 适用于地下、地面或高架 （杭州地铁 1 号线）
直线电动机 B 型车辆	车长：（17.2）16.8 m 车宽：2.8 m 定员：215～240 人 线路半径：≥100 m 线路坡度：≤60‰	N：2.5 万～4.0 万 V≥35	大运量 适用于地面、高架或地下 （广州地铁 4 号线）

二、轻轨车辆

轻轨车辆属于中运量的城市轨道交通系统，主要运行于城市地面线路；在增加列车的车辆编组或缩小运行间隔的情况下，轻轨车辆也可以承担大运量的输送任务；列车也可以运行于隧道或高架线路，在线路都是标准轨距和线间距离允许的前提下，列车也可以与地铁线路贯通运行。轻轨车辆的主要技术标准及特点见表 7 - 2 所示。

表 7-2　轻轨车辆的主要技术标准及特点

分类	车辆和线路条件	客运能力 N/(人次/小时) 运营速度 V/(km/h)	备注
C 型车辆	车长:18.9～30.4 m 车宽:2.6 m 定员:200～315 人 线路半径:≥50 m 线路坡度:≤60‰	N:1.0 万～3.0 万 V≥25～35	中运量 适用于地下、地面或高架 (上海轨道交通 5、6、8 号线等)
直线电动机 C 型车辆	车长:16.5 m 车宽:2.5 m 定员:150 人 线路半径:≥60 m	N:1.0 万～3.0 万 V≥25～35	中运量 适用于地面、高架或地下
有轨电车系统 (单车或铰接车)	车长:12.5 m 或 28 m 车宽:≤2.6 m 定员:110～260 人 线路半径:≥30 m 线路坡度:≤60‰	N:0.6 万～1.0 万 V≥15～25	低运量 适用于地面道路混行 (上海张江有轨电车)

三、单轨车辆

单轨交通车辆是运行在特制轨道桥梁上的中等运量城市轨道交通系统,是车辆与专用轨道组合成一体的一种交通工具。根据车辆与轨道之间的关系可以将单轨交通车辆分为跨座式和悬挂式两种类型,其主要技术标准及特点见表 7-3 所示。

表 7-3　单轨车辆的主要技术标准及特点

分类	车辆和线路条件	客运能力 N/(人次/小时) 运营速度 V/(km/h)	备注
跨座式单轨车辆	车长:15 m 车宽:3 m 定员:150～170 人 线路半径:≥60 m 线路坡度:≤60‰	N:1.0 万～3.0 万 V≥35	中运量 主要适用于高架 (重庆轻轨)
悬挂式单轨车辆	车长:14 m 车宽:2.6 m 定员:80～100 人 线路半径:≥60 m 线路坡度:≤60‰	N:0.8 万～1.5 万 V≥20	中运量 主要适用于高架 (日本千叶轻轨等)

四、磁浮车辆

磁浮车辆适用于城市人口超过 200 万人的特大城市之间或区域城市群之间的客运交通。因为磁浮车辆运行时无轮轨接触摩擦阻力、无机械振动、爬坡能力强、运行速度高、舒适性强等优点,磁浮交通系统被誉为 21 世纪的新型交通工具。其主要技术标准及特点见表 7-4 所示。

表 7 - 4　磁浮车辆的主要技术标准及特点

分类	车辆和线路条件	客运能力 N/(人次/小时) 运营速度 V/(km/h)	备注
低速磁浮车辆	车长:12～15.5 m 车宽:2.6～3.0 m 定员:150 人 线路半径:≥70 m 线路坡度:≤70‰	N:1.5 万～3.0 万 最高运行速度:100	中运量 主要适用于高架
高速磁浮车辆	车长:24～27 m 车宽:3.7 m 定员:100 人 线路半径:≥300 m 线路坡度:≤100‰	N:1.0 万～2.5 万 最高运行速度:430	中运量 主要适用于郊区高架 (上海磁浮交通)

7.2.3　城市轨道交通车辆编组

一、车辆编组定义

按照预期的目的,将各独立的车辆连接起来,成为一个运行体。

二、车辆编组需考虑的因素

车辆编组应考虑线路坡度、运营密度、站间距离、舒适度、安全可靠性、工程投资、客流大小等因素。

城市轨道交通车辆作为运送旅客的运输工具,必须具有良好的牵引、制动性能,能快速起动和停止,以确保安全、准时快捷。城市轨道交通通常以列车编组形式运行,一列城市轨道交通车辆通常由 3～8 节动车和拖车组成,也可以是全动列车编组,依据客流而定,通常称为电动列车。带有牵引动力装置的车辆称为动车,无牵引动力装置的车辆则称为拖车。

动车分为有受电弓(Mp 或 B)、有驾驶室(Mc)、有受电弓及驾驶室(Mcp)和无受电弓(M 或 C)几种情况;拖车分为有驾驶室的拖车(Tc 或 A)和无驾驶室的拖车(T 或 A)两种情况。

三、车辆编组方式

车辆编组方式主要指列车中动车与拖车的分布形式,以及车辆之间的连接方式。

目前我国各个城市的地铁编组方法都不尽相同,但是具体编组方法都采用动、拖车混编的方式。一般动、拖混编采用"四动加两拖"或"三动加三拖"的连接方式。

在编组方式中,M 表示动车,T 表示拖车,c 表示带有司机室,p 表示带有受电弓;"＋"代表全自动车钩,"－"代表半永久牵引杆,"＝"代表半自动车钩。

例如,北京地铁 4 号线的列车编组为＋Tc—Mp—M—T—Mp—Tc＋,由三个单元车组成;杭州地铁 1 号线、深圳地铁 3 号线等列车编组为＋Tc—Mp—M＝M—Mp—Tc＋,由两个单元车组成,每一单元车为二动一拖;北京地铁八通线原来的 4 辆编组为＋Mc—

Tp=T—Mc+,共两个动力单元,每一单元车为一动一拖等。

常见的列车编组示意图如图7-40所示。

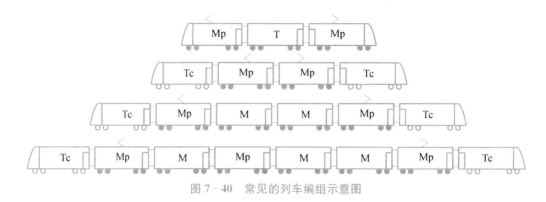

图7-40 常见的列车编组示意图

不同城市电动列车编组方式有所不同。目前国内列车编组中车型表示方法还采用A、B、C等字母来表示。其中,A代表带司机室的拖车;B代表带受电弓的动车;C代表不受电弓的动车。例如:

(1) 上海地铁。6节编组,其排列为 A—B—C—C—B—A,也可以写为 Tc—Mp—M—M—Mp—Tc;8节编组,其排列为 A—B—C—B—C—B—C—A 或 A—B—C—B—C—C—B—A。

(2) 北京地铁。早期按全动车设计,两车为一单元,使用时按2、4、6辆编挂组成列车组。目前,北京地铁的列车有带驾驶室的拖车(Tc1车、Tc2车)、不带驾驶室的拖车(T车)和不带驾驶室的动车(M车)三种车型,采用贯通式车厢,乘客可任意走动。一个动车和一个拖车为一个制动单元,使用时按2、4、6节进行编组。当采用6节编组时,排列为Tc1—M1—M3—T3—M2—Tc1。

(3) 天津车辆。在开通初期为4节编组,采用"二动二拖"形式,编组为 Mcp—T—T—Mcp,而远期为6节编组,采用"三动三拖"形式,编组为 Mcp—T—T—M—T—Mcp。

当然,列车并非一定是偶数编组,主要还是取决于城市及其线路的近远期客流量的大小。如苏州地铁1、2号线,无锡地铁1号线近远期均采用五辆编组,编组方式为+Tc—Mp—M—Mp—Tc+。

随着城市的发展,在既有线路不能满足客运能力的需要时,亦存在扩编问题。例如,北京地铁八通线的"4改6",上海地铁一号线的"6改8"等。上海地铁1号线6辆编组方式为+A—B—C=C—B—A+,而扩编的8辆编组方式为+A=B—C=B1—C1=C—B=A+,是在原来的基础上增加一个B—C单元,并将各单元之间以半自动车钩进行连接。

从目前既有的城市交通系统来看,列车编组车辆数量,从2到10这九个整数中均有。

四、车辆编号

车辆编号因表示的意义不同而有不同的方法。

1. 常见的编号方法

用 6 位阿拉伯数字进行编号。其中,前两位数表示车辆所属线路编号;第 3～5 位数表示车辆的序列号;第 6 位数表示车辆类型标识(1 表示 A,2 表示 B,3 表示 C)。

图 7-41 中,车号 011751 表示车辆所属线路号为 1 号线;车辆序列号为 175;车辆类型标识为 A 类型车(带司机室的拖车)。

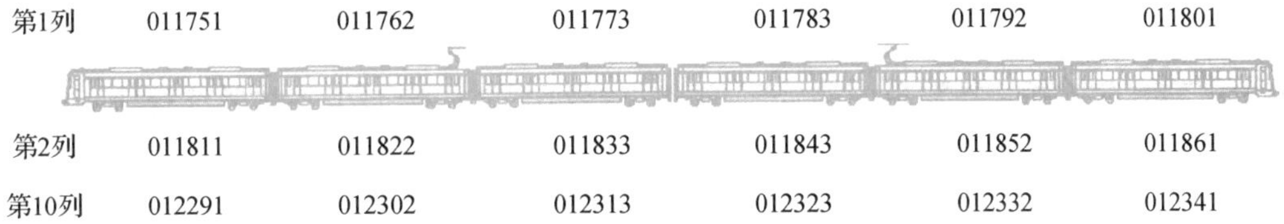

第1列	011751	011762	011773	011783	011792	011801
第2列	011811	011822	011833	011843	011852	011861
第10列	012291	012302	012313	012323	012332	012341

图 7-41　车辆编号实例图

2. 其他编号方法

用五位阿拉伯数字及一个英文字母(A、B、C)混合编号,即前两位表示车辆所属线路编号;第 3 位表示车辆类型标识(A、B、C);第 4～6 位表示单元车的连续编号(001,002,…)。

上海地铁 1 号线即采用此种编号方法。例如,车辆编号 01A005 表示车辆所属线路为 1 号线;车辆类型标识为 A 类型车;单元车的连续编号为 005。

此时,各编号车辆在该列车中的编组情况可表示为＋02A005—02B005—02C005＝02C006—02B006—02A006＋

7.3　城市轨道交通车辆牵引与供电系统

城市轨道交通车辆牵引与供电系统是城市轨道交通系统的重要组成部分,其电力牵引系统是以城市电网的电力为动力源,将电能转变为机械能,牵引列车运行的一种城市轨道交通牵引动力形式。城市轨道交通车辆供电系统是由电力系统经高压输电网、主变电所降压、配电网络和牵引变电所降压等环节,向城市轨道交通列车输送电力的全部供电系统。

7.3.1　城市轨道交通车辆电气牵引传动系统

城市轨道交通车辆电气牵引系统主要包括受流设备和各种电气牵引设备及其控制电路。

驱动地铁车辆的电能来自牵引变电所,由受流设备经隧道顶部的接触网或路轨侧面的第三轨,将电源引入牵引系统,通过逆变电路进行调频调压变换,供牵引电动机起动、加速;滤波电路平抑逆变和斩波造成的电网电压电流的波动,减少谐波。电气制动时,还采用再生制动,牵引电动机改接为发电机,把车辆的动能转变为电能反馈回电网,供给其他牵引运行中的地铁车辆使用,当不能进行再生制动时,通过制动斩波器,将电能消耗在制动电阻上,转化为热能散发。

城市轨道交通车辆的牵引动力来自牵引电动机。牵引电动机悬挂在车辆转向架或车轴上,并借传动装置驱动车辆前进。起动、牵引及制动等各种工况,都是通过电气传动控制系统改变牵引电动机的转速来实现车辆调速的目的。动车中的牵引电动机将电能转变为机械能,驱动列车运行并控制运行速度。

传统技术模式的地铁车辆是依靠轮轨间黏着作用来发挥牵引及制动力,但由于物理黏着的限制,其加、减速度性能和爬坡能力都受到了制约。传统的地铁车辆存在着全天候运行特性较差、运行时机械振动和噪声较大、车辆结构轻量化和小型化相对困难等缺点。随着城市轨道交通技术的发展,直线电动机车辆应运而生。与传统轮轨车辆的最大区别在于牵引传动系统,直线电动机车辆是利用单边式直线感应电动机作为地铁(或轻轨)车辆的驱动部件。这种驱动方式中,车辆的车轮仅起支撑承载作用,而推进力是由直线感应电动机产生的。由于是非黏着的驱动,所以直线电动机车辆具有动力性能优良,实现径向转向架、横断面结构的小型化、降低振动和噪声、安全性和可靠性良好等优点。

7.3.2　受流设备

城市轨道交通车辆通过受流器与导线滑动接触,从供电电网吸收电能。受流设备将外部电源引入车辆电源系统,是列车接受供电的重要设备。

从接触导线(接触网)或导电轨(第三轨)将电流引入动车的装置称为受流器。受流器按其受流方式可分为杆形受流器、弓形受流器、侧面受流器、轨道式受流器、受电弓受流器等形式。我国常用的馈电方式有接触网和接触轨两种形式,城市轨道交通车辆基本采用直流 1500 V 和直流 750 V 供电两种形式。北京地铁为直流 750 V,上海、广州、深圳地铁均采用直流 1500 V。

根据线路供电方式的不同,列车受流器通常有受电弓和集电靴两种形式。

1. 受电弓形式

直流 1500 V 供电采用架空线接触网式,车辆采用受电弓受流(如图 7-42)。

图 7-42　接触网—受电弓馈受电模式

由于 1500 V 供电方式的电流小而线路降压低,接触网方式可以实现长距离供电,受线路变化影响较小,并且能适应列车高速行驶的需要,较多的城市轨道交通线路采用接触网与受电弓受流方式。受电弓是电力机车从接触网接触导线上受取电流的一种受流装置。它通过绝缘子安装在电力机车的车顶上,是一种铰接式的机械构件。当受电弓升起时,其滑板与接触网导线直接接触,从接触网导线上受取电流,并将其通过车顶母线传送至机车内部,供机车使用。

2. 集电靴形式

集电靴是安装在车辆转向架上,为列车从刚性供电进行动态取流,满足列车电力需求的一套动态受流设备。直流 750 V 供电方式一般采用第三轨受电(如图 7-43),在车辆的转向架上,装有集电靴,通过安装在动车或拖车上的一个或多个集电靴从承载电能的刚性接触轨(第三轨)获取电流而实现受流。

集电靴安装在车辆转向架两侧(或底部),由绝缘安装底座(或外壳)、调节组件、受流摆臂组件和起复机构(隔离或复位装置)、受流滑板部件、熔断器组件等组成。

图 7-43　第三轨集电靴馈受电模式

集电靴的受流形式可分为上部受流、下部受流、侧向受流三种。上部受流即车载受流器的滑块与第三供电轨上部接触滑行,如北京地铁 13 号线;下部受流即车载受流器的滑块与第三供电轨下部接触滑行,如武汉轻轨;侧向受流即车载受流器的滑块与第三供电轨侧面接触滑行。

7.3.3　牵引电动机

牵引电动机是城市轨道交通车辆得以实现牵引及电制动的动力机械。牵引电动机悬挂在车辆转向架或车轴上,并借传动装置驱动车辆前进。

牵引电动机分为旋转电动机和线性电动机两大类。旋转电动机有直流电动机和交流电动机。线性电动机即直线牵引电动机,是异步感应电动机的简称。

一、直流电动机

1. 直流电动机的构成

直流牵引电动机主要由静止的定子和旋转的转子两大部分组成,如图 7-44 所示。

定子的作用是产生磁路和作为电动机的机械支撑。定子由主磁极、换向极、电刷装置、机座、端盖和轴承等部件组成。

图 7-44　直流牵引电动机

转子是实现能量转换的主要部件。转子由电枢铁芯、电枢绕组、换向器和转轴等部件组成,用于产生感应电势和电磁力矩。

2. 直流电动机的调速形式

直流牵引电动机的调速有两种基本形式:变阻控制和斩波调压控制。

(1) 变阻控制:通过调节串入电动机回路的电阻,改变直流牵引电动机端电压来达到调速目的。

(2) 斩波调压控制:通过接在电网与牵引电动机之间斩波器的导通与关断来改变牵引电动机端电压,实现调速。

二、交流电动机

1. 交流电动机的构成

城市轨道交通车辆交流牵引通常采用异步电动机,如图 7-45 所示。

图 7 - 45　异步牵引电动机

三相异步牵引电动机主要由固定部分的定子和旋转部分的转子组成。定子和转子之间有一很小的间隙,称为气隙。定子的两端还有端盖。

（1）定子:异步牵引电动机的定子由定子铁芯、定子绕组和机座三部分构成。

（2）转子:异步牵引电动机的转子由转子铁芯、转子绕组和轴承等部分构成。

（3）气隙:与其他电动机一样,异步电动机的定子和转子之间必须有一个气隙。

异步电动机的气隙很小。气隙的大小对异步电动机性能有较大影响。一方面,为了降低电动机的空载电流和提高电动机功率因数,气隙应尽可能小;另一方面,为装配方便和运行可靠,以及削弱磁场脉振所引起的附加损耗等,气隙又应稍大点才更有利。

2. 交流电动机的特点

交流电动机没有换向器,构造简单,运行可靠,效率较高,维护很少,价格低廉;转子坚固,定子绕组沿圆周均匀分布,电动机体积小,能获得较大的单位质量功率;其机械特性较硬,具有较好的防空转性能,使黏着利用提高;且微电子技术的发展使异步电动机的调压变频调速得以顺利实现。

三、直线电动机

轨道交通用直线电动机一般分为直线同步电动机和直线感应电动机两种类型,城市轨道交通中一般使用直线感应电动机,简称直线电动机。直线电动机是从旋转电动机演变而来的。它的基本构成和作用原理与普通旋转电动机类似,就如同将旋转电动机沿径向切开后展平而成。

1. 直线电动机的构成

直线感应电动机类似于传统的旋转感应电动机。直线电动机可以视为一台旋转电动机沿半径方向切开而展平的感应电动机,即将旋转感应电动机静止的定子(铁芯和绕组)安装在车辆的转向架上,将旋转的转子(感应板)安装在轨道中间的感应轨上,当直线电动机的定子绕组通过交流电流时,两部分产生的磁场相互作用,直接推动车辆前进;反之则产生斥力,可使车辆制动。改变交流电的电压及频率,就可以控制磁场的变化,从而完成列车的起动和制动。

2. 直线电动机的特点

直线电动机车辆以直线电动机作为牵引电动机,直线电动机是以直线运动代替旋转运动进行牵引与制动的。为非黏着驱动方式的直线牵引电动机车辆,在城市轨道交通中的运用越来越受到各国的重视。

直线牵引电动机传动方式由旋转运动变为直线运动。直线感应电动机原理如图 7 - 46 所示。

直线电动机牵引控制系统结构如图 7 - 47 所示。

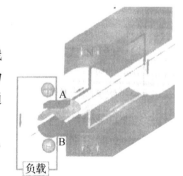

图 7 - 46　直线感应电动机原理

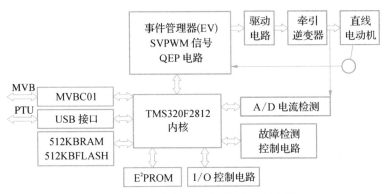

图 7－47 直线电动机牵引控制系统结构

7.3.4 供电系统的组成及功能

城市轨道交通供电系统是轨道交通的重要组成部分,它不但为列车提供牵引动力,而且还为地铁运营服务的辅助设施,如照明、通风、空调、排水、通信、信号、防灾报警、自动扶梯等提供电力。如果在地铁运营期间供电中断,不仅列车运行瘫痪,还会导致现场及附近地区出现极大的混乱,所以城市轨道交通供电系统是确保城市轨道交通正常运营的重要设施。

一、供电系统的组成

城市轨道交通供电系统主要由外部电源、主变电所或电源开闭所、牵引供电系统、动力照明供电系统、电力监控系统等几部分构成,如图 7－48 所示。

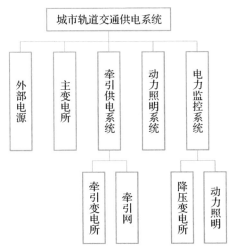

图 7－48 城市轨道交通供电系统的构成

城市轨道交通供电电源一般取自城市电网,通过城市电网电力系统和城市轨道交通供电系统实现输送或变换,然后以适当的电压等级供给城市轨道交通各类用电设备。其中,牵引供电系统和动力照明系统是城市轨道交通供电系统最主要的组成部分,牵引供电系统包括牵引变电所和牵引网系统,动力照明供电系统包括降压变电所和动力照明配电

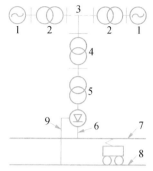

图 7 - 49 城市轨道交通牵引
供电系统组成示意图

1-发电厂(站);2-升压变压器;
3-电力网;4-主变电所;
5-直流牵引变电所;6-馈电线;
7-接触网;8-走行轨道;9-回流线。

系统。图 7 - 49 所示为城市轨道交通牵引供电系统组成示意图。

城市轨道交通的用电负荷按其功能不同可分为两大用电群体:一是电动客车运行所需要的牵引负荷;二是车站、区间、车辆段、控制中心等其他建筑物所需要的动力照明用电,如通风机、空调、自动扶梯、电梯、水泵、照明、AFC 系统、FAS、BAS、通信系统、信号系统等。在上述用电群体中,有不同电压等级直流负荷、不同电压等级交流负荷;有固定负荷,有时刻在变化的运动负荷。每种用电设备都有自己的用电要求和技术标准,而且这种要求和标准又相差甚远。城市轨道交通供电系统就是要满足这些不同用户对电能的不同需求,以使其发挥各自的功能与作用。

二、供电系统的功能

(1) 电动车组运行所需的电能供应:牵引用电。

(2) 机电设备运转所需的电能供应:风机、水泵、空调、自动扶梯、加工设备等。

(3) 城市轨道交通通信信号设备运行所需的电能供应。

(4) 照明及其他生产生活用电供应。

7.3.5 变电所

变电所是电力系统中,变换电压、接受和分配电能、控制电流的流向和调整电压的电力设施,它通过降压变压器将电网和用户联系起来。变电所可以通、断用户电能的供路,改变或调整电压;变电所也是输电和配电的集结点。

一、变电所的主要设备及功能

变电所的主要电气设备包括变压器、断路器、隔离开关、母线、熔断器、电压互感器、电流互感器、避雷器、整流器等。

变压器:一种变换器,用于传递和变换交流电能。

断路器:一种对电路进行控制(开断、关合)和保护的高压电器开关,用于自动切断负载电流和短路电流。

隔离开关:高压电器开关,可在无负荷电流时接通和断开电路。

母线:导线,用于汇合和分配电能。

熔断器:利用过负荷或短路电流导致熔体发热熔断的原理设计的保护电器设备。

电压互感器:用于测量、控制和保护回路用的变压器。

电流互感器:用于测量、控制和保护回路用的变流器。

避雷器:防止雷电波损坏电器设备绝缘的保护电器。

整流器:用于与牵引变压器组合为变压整流的变换装置。

二、变电所的类型

城市轨道交通变电所有主变电所、牵引变电所、中心降压变电所、降压变电所和混合变电所五种类型。

(一) 主变电所

主变电所(简称主变)将城市电网提供的 110 kV 三相交流电压降压至 35 kV,然后配送到城市轨道交通沿线的各个牵引变电站和中心降压变电站。

1. 主变电所的组成

主变电所至少设置两台变压器,有开路电路的开关、汇集电流的母线、计算和控制互感器、仪表、继电保装置和防雷保护装置、调度通信装置等。

2. 主变电所系统的主要设备及功能

(1) 110 kV 开关:开关是通、断电路的重要设备。两路 110 kV 进线,每路设有三台 110 kV 开关。

(2) 主变压器:将 110 kV 的交流电降至 35 kV 的交流电。

(3) 35 kV 开关:经主变压器输出的 35 kV 电压,需要通过母线配送至各个牵引变电所和降压变电所,35 kV 开关负责通、断电路的开关装置。

(4) 隔离开关:又称闸刀,负责接通或切断所接入的电路。

(5) 自动监控设备:对变电所的电气设备的监测和控制,并能对其进行远程控制和数据采集。

3. 主变电所系统的作用

主变电所将城市电网提供的两路相互独立的、可靠的 110 kV 交流电压的电源,降压为中压 35 kV 的电源,再配送到城市轨道交通系统所有用户用于供电。

(二) 牵引变电所

牵引变电所是将城市电网区域变电所或城市轨道交通的主变电所送来的电能,经过降压和整流变成轨道交通电动列车使用的直流电源,再通过沿线架空接触网及回流网等,不间断地供给轨道交通电动列车电能。

(1) 牵引变电所系统的组成

牵引变电所系统由 35 kV 交流开关柜、整流变压器、整流器、直流开关柜、所用交直流屏和钢轨电位限制器等设备构成。

(2) 牵引变电所系统的作用

牵引变电所将来自主变电所或相邻 35 kV 变电所的 35 kV 交流电源,通过整流变压器降压和整流器整流构成等效 24 脉波直流,经过直流快速开关设备向接触网供电,不间断地供给电动列车优质电能。

(三) 中心降压变电所

除电动列车的牵引电源外,其他设备和设施所需的电源均由中心降压所提供。中心降压所从主变电所引入两路电源,经动力变压器将电压降至 10 kV 后,再以两路电源送到各个降压变电所。

(四) 降压变电所

城市轨道交通除了正常的牵引用电外,在环控和系统服务的其他诸多设备都需要用

电。这些设备一般使用三相 380 V 或单相 220 V 低压供电,通过降压变电所而获得。

降压变电所将来自主变电所或相邻变电所的 35 kV 电源,通过中压网络分配给降压变电所,并通过降压,变成车站、区间动力照明等设备使用的低压 380 V/220 V 电源,再通过低压配电系统不间断地供给动力照明等设备使用。

（五）混合变电所

将牵引变电所和降压变电所合建在一起就称为混合变电所。

7.3.6　接触网

城市轨道交通运送乘客的电动列车从牵引供电系统获取电能。牵引供电系统主要由牵引变电所、馈线、接触网、电动列车、轨道、回流线等构成。在这个闭合回路中,通常将馈线、接触网、轨道、回流线统称为牵引网。

接触网是牵引网的重要组成部分,是一个庞大的机械系统,它用零部件实现有序的连接和接续,连接成一个能传递电能并且有支持功能,同时具备相应强度的机械性质的整体系统。接触网沿电动列车开行线路架设,通过电动列车受电弓(受流器)和接触网的滑动接触,向行进中或停站的电动列车供电。

架设在车顶上方的接触网称为架空式接触网,如图 7-50 所示;铺设在车厢地板以下部位的接触网称为接触轨式接触网,也可称为第三轨供电网,如图 7-51 所示。馈线是连接牵引变电所和接触网的导线,它把经牵引变电所整流后合乎城市轨道牵引电压的电能馈送给接触网。

图 7-50　架空式接触网　　　　　图 7-51　接触轨式接触网

轨道在非电牵引情形下只作为列车的导轨。在电力牵引时,轨道除仍具有导轨功能外,还具有完成导通回流的作用。回流线是连接轨道和牵引变电所的导线,通过回流线把轨道中的回路电流导入牵引变电所。

一、基本要求

接触网是一种既无备用又易损耗的供电装置,受环境和气候条件的影响,一旦发生故障,整个供电区间即断电,在其间运行的电动列车失去电能供应,造成停运。因此,接触网应满足以下基本要求:

（1）在恶劣的气候条件下机械结构具有稳定性。

（2）设备及零件具有足够的耐磨性和抗腐蚀能力。

（3）设备结构简单，零部件互换性强，便于维护、抢修。

（4）电动列车受流器与接触网直接接触滑行面，保持平滑过渡无突变。

二、结构形式及悬挂类型

接触网按结构形式可分为架空式和接触轨式两大类型。

1. 架空式

架空悬挂式接触网将线索或导电排及零部件可靠连接接续，把导电体、支持装置、绝缘元件、电气设备等连接成一个能传递电能且有支持功能，同时具备相应强度的整体系统，以确保牵引电流的不间断供给。

架空悬挂式接触网在地面与地下隧道内的架设方法是不同的。隧道架空式接触网分为柔性悬挂接触网与刚性悬挂接触网。

2. 接触轨式

在城市轨道交通牵引供电系统中，直流 750 V 供电一般采用第三轨。它的优点是隧道净空高度低、结构简单、造价低，缺点是人身和防火方面安全性差，与架空式接触网难以衔接，如图 7‑52 和图 7‑53 所示。

图 7‑52　采用第三轨的轨道交通线路　　图 7‑53　接触轨特写

接触轨系统主要由接触轨、接触轨支架或绝缘子、绝缘防护罩、弯头、连接板、膨胀接头、锚结、隔离开关、电缆等主要零部件构成。其中，接触轨、弯头、连接板、膨胀接头、锚结一般由接触轨厂家配套提供。

接触轨按与接触受流靴的摩擦方式可分为上磨式、下磨式和侧磨式三种。

7.4　城市轨道交通信号与通信系统

城市轨道交通信号与通信系统是城市轨道交通的主要技术装备。信号系统是轨道交通行车组织的中枢控制系统，担负着指挥、控制列车运行，提供设备状态信息、列车位置信息，实现列车运行过程管理，担负保证列车运营安全和提高运营效率的重任，是轨道交通得以正常运营的重要技术保证；通信系统为轨道交通运营提供重要的信息传输手段，提供轨道交通畅通的通信联系、控制信息实时传送，是轨道交通得以顺畅运营的重要技术支持。

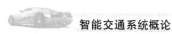

7.4.1 城市轨道交通信号系统的组成

城市轨道交通信号系统是城市轨道交通系统中最重要的组成之一,其作用是指挥行车,保证列车安全运行。城市轨道交通具有密度高、间隔短、站距短和速度高等特点,因而对交通保障系统有着安全要求高、通过能力大、抗干扰能力强、可靠性高、自动化程度高等要求。

一、信号系统组成

城市轨道交通信号系统通常由列车运行自动控制系统(ATC)和车辆段信号控制系统两大部分组成,用于列车进路控制、列车间隔控制、调度指挥、信息管理、设备工况监测及维护管理等,是一个高效的综合自动化系统,如图 7-54 所示。

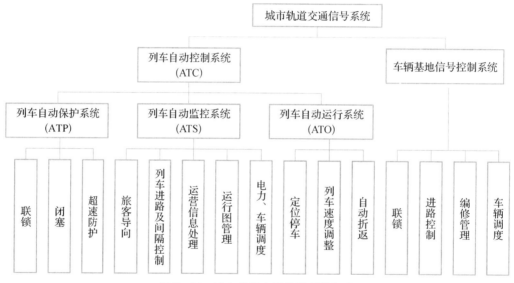

图 7-54 城市轨道交通信号系统组成

二、信号基础设备

城市轨道交通信号基础设备包括继电器、信号机、转辙机、轨道电路等。

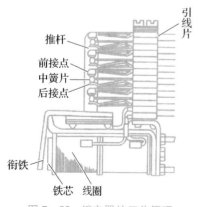

图 7-55 继电器的工作原理

(一)继电器

继电器是利用不同触点的组合,完成不同电路接通与断开的电气开关,它由线圈、铁芯、衔铁、推杆、中簧片、前接点、后接点等组成。

继电器的工作原理如图 7-55 所示。当继电器励磁线圈通电时,衔铁被吸住,推杆升起,中簧片连接前接点,该组触点连接电路接通。当继电器励磁线圈断电时,衔铁在重力作用下推杆下落,中簧片连接后接点,连接该组触点电路,同时断开前组触点电路。

可见,继电器具有开关特性,可利用它的接电通断电路构成各种控制和表示电路。

（二）信号机

城市轨道交通采用色灯信号机，除了车辆段和有道岔的车站外，一般不设地面信号机。

色灯信号机以其灯光的颜色、数目和亮灯状态来表示信号。色灯信号机有高柱和矮柱两种，如图 7-56 和图 7-57 所示。

图 7-56　高柱信号机

图 7-57　矮柱信号机

高柱信号机安装在钢筋混凝土机柱上，主要用于需要显示距离远、观察位置明显的地方，如车辆段的进段、出段信号机；矮柱信号机安装在信号机水泥地基上，一般用于信号显示距离要求不远、隧道等安装空间受限制的地方。

（三）转辙机

在联锁区内的每个道岔处都要设置一台电动转辙机，用于转换道岔和锁闭道岔。转辙机控制着道岔的转换并实现道岔的锁闭，道岔线路的开通位置和转辙机的工作状态与列车运行安全直接相关。建立进路时，进路上道岔必须转换到规定的位置，并连续检查道岔位置正确，才能保证信号的开放。进路锁闭、道岔区段有车占用或轨道电路故障时道岔不能转换（确认道岔区段空闲，办理道岔强解后可以转换）。调度中心或车站控制室能够实现道岔的自动控制，发布道岔控制命令或进路控制命令使进路中的道岔自动转换至安全位置。调度中心或车站控制室可以实现道岔的自动排列进路命令驱动和人工操作控制，道岔设备故障情况下可以实现人工摇动和锁闭。

（四）轨道电路

轨道电路是以铁路线路的两根钢轨作为导体，两端加以机械绝缘（或电气绝缘），接上送电和受电设备构成的电路。

1. 轨道电路的组成与工作原理

轨道电路由送电端、接受（受电）端、传输线、电源、轨道继电器等组成，图 7-58 所示是一段轨道电路及其工作原理图。

如图 7-58（a）所示，当轨道上无车占用且钢轨完好无损时，电路形成通路。这时轨道电路继电器励磁线圈有电通过，衔铁吸起，中簧片连接前接点，绿灯或黄灯亮，表示该段轨

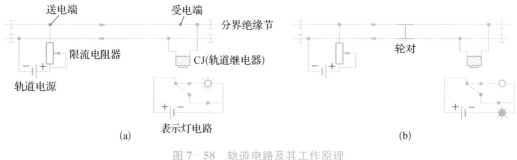

图 7 - 58 轨道电路及其工作原理

道上无车占用,列车可进入该区段运行。

如图 7-58(b)所示,当轨道上有车占用时,由车轮形成了电路回路,使得轨道继电器励磁线圈失去电流,从而使衔铁落下,中簧片断开前接点,连接后接点,绿灯灭,红灯亮,表示该轨道段上有车占用,列车不准进入该区段(停车在该区段防护信号外)。

当轨道发生钢轨断裂时,轨道电路形成断路,轨道继电器同样失去电流导致亮红灯,从而形成了保护作用。

2. 轨道电路的作用

从上述轨道电路的工作原理可以看出,轨道电路可以检查轨道是否空闲、检查钢轨是否完整。除此之外,轨道电路还可以传递行车信息。

7.4.2 联锁

一、联锁的概念

列车或机车车辆在车站内运行的经路叫作进路。进路由道岔的开通方向决定,如果道岔开通方向不对,就有可能使两列列车由不同方向开到同一股道上去,或者开到事先已停留车辆的股道上去,从而引起撞车事故。

为了保障行车安全,进路要由信号机防护。道岔位置不对或者进路上有车,防护这条进路的信号机就不能开放,信号机不开放就禁止列车开到进路里去,以保证列车运行的安全。因此,在有关信号机和道岔之间,以及信号机和信号机之间应建立一种相互制约的关系,这样才能保证车站的安全。这种制约关系叫作联锁,能实现这种联锁关系的设备叫作联锁设备。

二、联锁的基本内容

联锁的基本内容是:防止建立导致机车车辆相冲突的进路;必须使列车或调车车列经过的所有道岔均锁闭在与进路开通方向相符合的位置;必须使信号机的显示与所建立的进路相符。

联锁必须满足的最基本的三个技术条件如下:

(1) 进路上各区段空闲时才能开放信号机。

(2) 进路上有关道岔在规定位置才能开放信号。

(3) 敌对信号未关闭时,防护该进路的信号机不能开放,否则列车或调车车列可能造成正面冲突。

三、联锁的种类

如上所述,控制车站的道岔、进路和信号,并实现它们之间的联锁的设备,称为联锁设备。联锁设备主要分类如下:

(1) 电锁器联锁。电锁器联锁就是道岔靠人力通过机械转换,信号机由有关人员通过电气或机械操纵,用电锁器完成联锁关系。

(2) 继电集中联锁。用电气的方法集中控制和监督全站的道岔、进路和信号机,并实现它们之间联锁的设备称为电气集中联锁设备。城市轨道交通多采用电气集中联锁设备。在继电联锁中实现联锁的主要元件是继电器。继电集中联锁采用色灯信号机,道岔由转辙机转换,进路上所有区段均设有轨道电路,在信号楼进行集中控制和监督。6502电气集中就是继电式电气集中的一种,是我国自己设计的较先进的铁路信号设备之一,已在全路广泛采用。

(3) 微机联锁。微机联锁系统是以微型计算机取代了传统的电气集中电路而构成的车站信号自动控制系统。在微机联锁系统中,计算机对车站值班员的操作命令和现场状态信息按规定的联锁逻辑进行分析与处理,实现对铁路车站信号设备的控制。

城市轨道交通正线上的集中控制站和车辆段设有联锁设备,基本上都采用计算机联锁。

7.4.3　闭塞

铁路线路以车站(线路所)为分界点划分为若干区间。列车在区间(分区)内运行的特点是:轨道交通车辆是在一条特定的轨道上运行的,速度高、质量重、制动距离长、不能避让。由于是轨道交通,轨道起了承载和导向作用,列车 A、B、C 依次在线路上排队运行,不能超车、不能追尾相撞,而且为了提高线路的运载能力又必须尽可能地缩短两列车之间的间距。

一、闭塞的基本概念

为了确保列车在区间内的运行安全,列车由车站向区间发车时,必须确认区间内没有列车,并需遵循一定的规律组织行车,以免发生列车正面冲突或追尾等事故。这种按照一定规律组织列车在区间内运行的方法,叫作行车闭塞法(简称闭塞)。办理闭塞所用的设备叫作闭塞设备。

二、闭塞的方式

1. 空间闭塞法

把铁路线路划分为若干个线段(区间或闭塞分区),在每个线段内同时只准许一列列车运行,这样使前后列车之间保持一定的距离,把同方向列车分隔在两个空间,可以有效地防止列车追尾的发生,确保列车运行安全。这种行车方法是我国目前所采用的闭塞方法,这种闭塞法就是空间闭塞法。

2. 时间闭塞法

列车按照事先规定好的时间由车站发车,使前后列车之间保持一定的时间间隔的行

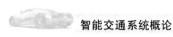

车方法。这种行车方法因追踪列车不能确切地得到前行列车的运行状况,所以不能确保列车在区间内的运行安全,我国已不再使用此种行车方法。

三、闭塞的制式

1. 人工闭塞

它采用电气路签或路牌作为列车占用区间的凭证,由接车站值班员检查区间是否空闲。因为这种方法在交接凭证和检查区间状态都要依靠人来完成,所以叫作人工闭塞。这种闭塞方法在我国已经很少采用。

2. 半自动闭塞

人工办理闭塞手续,列车凭信号显示发车后,出站信号机自动关闭的闭塞方法。发车站值班员必须在办理好闭塞手续后才能开放出站信号,列车出发后出站信号机自动关闭,在没有检测区间是否停留有车辆的设备时,还须由接车站值班员确认列车的完全到达,办理解除闭塞手续。这种方法,因为既要人的操纵,又需依赖列车自动动作,所以叫作半自动闭塞。

3. 自动闭塞

根据列车运行及有关闭塞分区状态,自动变换通过信号机的显示,而司机凭信号显示行车的闭塞方法。这种方法因为不需要人的操纵,所以叫作自动闭塞。

4. 移动闭塞

自动调整列车运行间隔的闭塞系统称为移动闭塞。前后两列车之间的安全间隔距离不是固定的,而是根据列车运行条件自动调整,闭塞分区划分是虚拟的。移动闭塞在城市轨道交通中已得到了越来越广泛的应用。

7.4.4 应答器

应答器也称信标,它也是信号系统的基础设备。随着 ATC 系统的普及,应答器在城市轨道交通得到广泛的应用。不同的应答器应用于不同的信号制式,有"有源应答器"和"无源应答器"之分,也称为"有源信标"和"无源信标"。

应答器由地面、车载两部分设备构成,如图 7 - 59 所示。

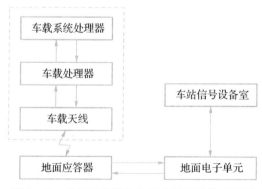

图 7 - 59 地面应答器和车载应答器动作示意图

一、地面应答器设备

地面应答器是一种可以发送数据报文的高速数据传输设备,信号系统为每一个地面应答器分配一个固定的坐标。

地面应答器的主要功能是:接收车载应答器天线传递的载频能量和向车载天线发送数据信息。

1. 地面电子单元

地面电子单元(LEU)是一种数据采集与处理单元,当有数据变化时(如信号显示改变等),将改变后的数据形成报文传送给应答器进行发送。

2. 地面应答器

地面应答器有无源应答器和有源应答器两种。无源应答器向列车传送固定的信息;而有源应答器一般都与地面电子单元连接,通过连接的地面电子单元,可实时更新地面有源应答器中存储的数据。地面无源应答器通过接受车载应答器天线传递的载频能量,获得电能量,使地面应答器中的信号发生器工作,然后将事先存储于地面应答器中的数据发送至车载天线。地面应答器如图 7-60 所示。

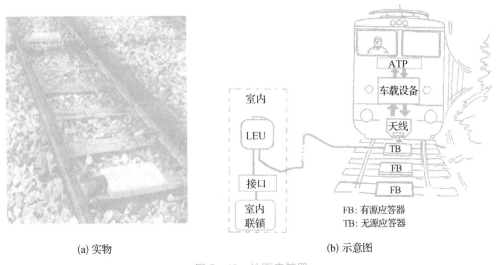

(a) 实物　　　　　　　　　　　　　　　(b) 示意图

图 7-60　地面应答器

二、车载应答器设备

车载接收器的主要功能:发送地面应答器需要的能量;接收来自地面应答器的信息;分析接收到的数据流,找出完整的报文、形成处理好的无错码报文、确定定位参考点、从车上向地面发送包括检查码在内的各种信息。

车载应答器设备包括车载天线、解码器、载频发生器与功率放大器等。

车载天线是一个双工的收发天线,既要向地面发送激活地面应答器的功率载波,还要接受地面应答器发送的数据报文。

载频发生器与功率放大器用于产生激活地面应答器所需的载频能量,并通过车载天线传递给地面应答器。

车载解码器是用于对地面应答器的数据进行处理的模块,由微处理器、滤波器和其他相关单元组成。解码器用于对地面应答器信息的接收、滤波、数字解调与处理,经处理的数据通过相应的接口,传送至相关的设备,如车载 ATP 设备、司机显示单元或无线设备。

7.4.5　列车自动控制系统

城市轨道交通的信号系统是保证列车运行安全和提高线路通过能力的重要设施。传统的信号系统已不能适应城轨交通的发展,必须用一种能实现列车速度自动控制和列车运行间隔自动调整的新的系统来替代,这就是列车自动控制系统(Automatic Train Control System,简称 ATC 系统)。ATC 是在保证行车安全,提高运营效率的情况下,实现列车的自动控制。

列车自动控制系统包括三个子系统:列车自动监控系统(Automatic Train Supervision,ATS)、列车自动保护系统(Automatic Train Protection,ATP)、列车自动运行系统(Automatic Train Operation,ATO)。这三个子系统简称 3A 系统。这三个子系统通过信息交换网络构成闭环系统,可以充分发挥保证行车安全、提高运行效率、缩短行车间隔、促进管理现代化、提高综合运营能力和服务质量的作用。

一、列车自动控制系统的组成

城市轨道交通信号系统按子系统设备所在区域,由以下部分组成(如图 7 - 61):

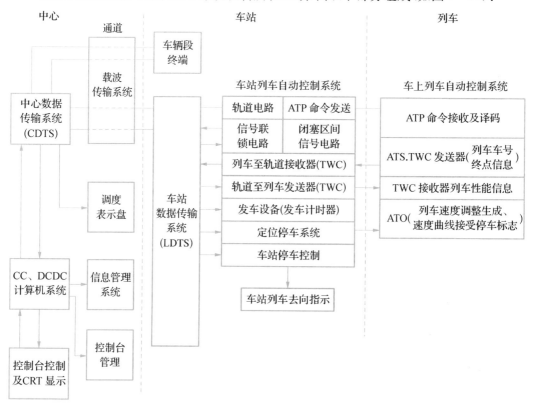

图 7 - 61　列车自动控制系统的组成

（1）行车指挥控制中心：由列车运行监视（调度监督）、列车运行监控（调度集中）和列车自动监控等子系统构成。

（2）车站及轨旁子系统：由行车指挥系统车站设备、联锁、行车运行控制系统的地面设备及其与联锁设备的接口、列车识别等其他设备组成。

（3）车载子系统：由机车信号和自动停车设备、车载 ATP/ATO 及列车识别等设备组成。

（4）车辆段（场）子系统：由联锁设备、行车指挥系统等设备组成。

二、列车自动保护系统（ATP）

ATP 子系统是保证行车安全的基本系统，可实现列车的间隔控制、超速防护和进路的安全监控、安全开关门的监督等功能，确保列车和乘客的安全。

ATP 子系统主要包括车载设备和地面设备。

1. 轨旁 ATP 子系统的功能

（1）轨道区段空闲的检测；

（2）自动检测车辆的位置；

（3）控制列车运行安全间隔，满足规定通过能力；

（4）连续监督列车速度，实现超速防护；

（5）列车车门开、闭安全控制，为列车车门的关闭提供安全可靠的信息；

（6）标志器及环线信息控制；

（7）目的地选择；

（8）停站时间控制及自动起动等；

（9）向 ATO 传送控制信息。

2. 车载 ATP 子系统的功能

（1）接收和解译限速指令；

（2）根据限速进行超速防护；

（3）测速、测距；

（4）停站校核；

（5）控制车门开、闭，发送站台屏蔽门开、闭信息等；

（6）具有故障自检和报警、记录功能。

三、列车自动监控系统（ATS）

ATS 子系统是指挥列车运行的控制、监督设备，主要由中央计算机网络系统和车站计算机或中断模块设备组成，其可由中心集中控制，也可由车站分散控制。ATS 的主要作用是编制、管理行车计划，实现对全线列车的调度监控和列车运行的自动调整。

1. 控制中心 ATS 的主要功能

（1）列车的运行控制等正常操纵；

（2）时刻表的编辑、修改和存储，时刻表延时修正的调整控制；

（3）列车位置的实时监视和列车运行轨迹记录；

（4）运行图管理（计划和实际运行图）；

（5）列车运行进路的自动设置,车站联锁状态的监督;

（6）故障记录等。

2. 轨旁ATS子系统的主要功能

（1）列车的进路控制及其表示;

（2）遥控指令的解译及表示数据的编辑;

（3）折返模式控制;

（4）车—地交换信息的编译;

（5）旅客向导信息、目的地信息的显示;

（6）停止控制逻辑及接口等;

（7）运行等级设定;

（8）列车识别。

3. 车载ATS子系统的主要功能

（1）接收非安全控制信息;

（2）接收运行等级及其目的地等数据;

（3）发送列车状态的自诊断信息;

（4）旅客向导信息的提供等。

四、列车自动运行系统(ATO)

ATO系统以列车自动保护系统为基础、配置车载计算机系统及必要的辅助设备,主要执行站间自动运行、列车在车站的定点停车、在终点的自动折返等功能。它对于列车运行规范化、减少人为影响,在高密度、高速度运行条件下保证运行秩序有很大好处,在节约列车能耗方面也有一定作用,同时还可以减轻司乘人员的劳动强度。ATO主要由车载设备和地面设备组成。

1. 轨旁ATO子系统的主要功能

（1）车站程序定位停车的车—地信息交换;

（2）定位停车校核,车门和站台屏蔽门开、闭控制。

2. 车载ATO子系统的主要功能

（1）列车运行速度的自动调整;

（2）惰行、加速和减速控制;

（3）定位停车程序控制;

（4）出发控制;

（5）自动折返;

（6）发送停站及列车长度信息等。

7.4.6　城市轨道交通通信系统组成及功能

城市轨道交通专用通信系统一般由传输、公务电话、专用有线调度电话、无线集群调度、闭路电视监控、车站广播、时钟、旅客信息引导显示、防雷、光纤在线监测、动力环境监测、UPS不间断电源等子系统组成。

通信系统的服务范围包括运营控制中心、车站、车辆段、停车场、维修中心、车站内等城市轨道交通运营服务区域。通信系统不是单一的子系统，而是多个相对独立的子系统的组合。这些子系统在不同的运营环境下协调工作。各子系统能对各自的故障进行检测和报警，从而确保整个通信系统的可靠性。

一、传输系统

传输系统是整个通信网络的纽带，通过它将各通信子系统车站信息传送到控制中心，同时为电力系统、信号系统、AFC 自动售检票系统、消防报警系统、办公网络等提供传输通道。传输设备包括车站设备和控制中心设备，不同的厂家有不同的组网模式。

通信传输系统组网模式示意图如图 7 - 62 所示。

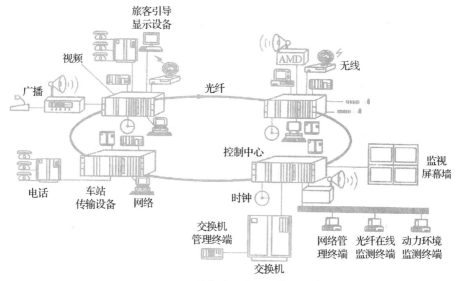

图 7 - 62　通信传输系统组网模式示意图

整个传输系统一般由车站设备、控制中心设备和传输线路三部分组成。车站设备用来将车站各系统需要上传的电信号转换成光信号，通过光缆线路传输到控制中心；控制中心设备是将车站上传的光信号转换成各通信子系统或其他系统需要的电信号。控制中心设备一般包括网络管理系统，用来监测整个网络设备运行状态，同时还具有系统参数设置、故障统计、报表输出、系统用户权限设置等功能。

二、公务电话系统

公务电话系统为轨道交通运营提供办公电话、传真等业务，同时在控制中心、车站、段厂等也设置公务电话，既可作为办公电话使用，也可以作为有线调度电话的备份，一旦调度电话故障，临时应急使用。

三、专用电话系统

专用电话系统主要为轨道交通运营及维修服务，是行车调度员和车站（车辆段）值班员指挥列车运行和维护人员指导使用人员操作设备的重要通信工具，是为列车运营、电力供应、日常维修、防灾救护提供指挥手段的专用有线通信系统。

（一）专用电话系统结构

城市轨道交通专用电话系统包括调度通信、站厂通信、站间通信、区间通信等。系统可为控制中心指挥人员,如行车调度员、维修调度员、电力调度员、环境报警调度员、防灾调度员等提供专用直达通信,并且具有单呼、组呼、全呼、紧急呼叫和录音等功能,同时可为站内各有关部门提供与车站值班员之间的直达通话,车站值班员可以呼叫相邻车站的车站值班员。专用电话系统示意图如图 7 - 63 所示。

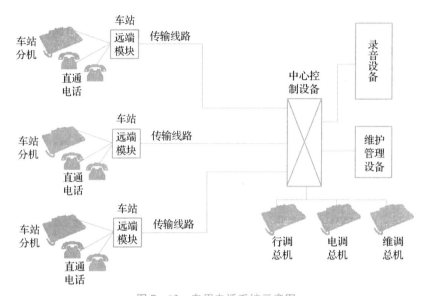

图 7 - 63   专用电话系统示意图

（二）城市轨道交通专用电话的功能

城市轨道交通专用电话系统一般包括调度总机、调度分机、站间直通电话机、紧急电话、区间通话柱、轨旁电话等终端设备。

1. 调度电话

调度电话分为总机和分机,其基本功能一样,根据不同用户的需求进行不同的功能设置。

其功能如下:

(1) 调度总机能对分机进行选呼、组呼、全呼,任何情况下均不能发生阻塞;

(2) 分机能对总机进行一般呼叫和紧急呼叫;

(3) 调度台具有优先级别设置功能,高优先级别的可强拆、强插低级别的通话;

(4) 调度总机与分机间呼叫通话,分机间不允许通话;

(5) 各调度总机之间具有台间联络功能;

(6) 调度总机能显示分机呼叫号码,区分呼叫类别,对双方通话进行录音。

2. 其他终端

站间直通电话机、紧急电话、轨旁电话、区间通话柱都具有一键直通功能,除紧急电话外其他终端还具有拨号呼叫功能。

四、无线集群调度系统

城市轨道交通中无线集群系统主要解决固定人员(调度员、值班员)与流动人员(驾驶员、站务、维修人员与列检人员等)相互之间的通话及数据传输问题。其网络结构一般为带状网络,如图7-64所示。

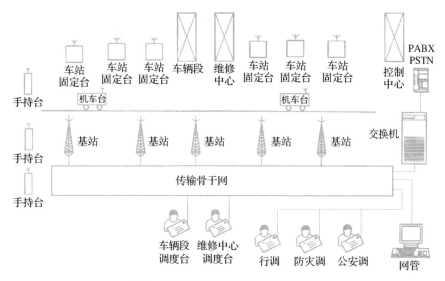

图7-64　无线集群调度系统网络结构

系统主要包括以下几部分:控制中心交换设备、控制中心网络管理终端、调度台、基站、移动设备(便携式手持台、车载电台、车站用同定台)、传输设备等。

城市轨道交通无线集群调度系统在功能组成上一般分为六个无线通信子系统,分别为其六个不同部门提供服务,既可实现不同通信组的相互独立性,使其各自通信操作互不妨碍,又可以实现系统设备和频率资源的共享。这六个无线通信子系统包括行车调度通信子系统、站务通信子系统、车辆段调度通信子系统、维修调度通信子系统、公安调度通信子系统、防灾调度通信子系统。

行车调度通信子系统负责完成正线行车调度员与机车驾驶员的通信联系,传送行车指挥话音和数据指挥命令。

站务通信子系统负责完成车站车控室内勤人员与车站外勤人员及本站控制内列车驾驶员间通话。

车辆段调度通信子系统负责完成段、厂内的行车调度员与机车驾驶员的通信联系,传送行车指挥话音和数据指挥命令。

维修调度通信子系统提供维修调度、各专业调度员及本专业维修人员的无线调度通信,一般采取组呼方式。不同专业各自分组,专业之间若要进行通话,可由维修调度临时派接通话。

公安调度通信子系统、防灾调度通信子系统提供公安、防灾调度员、沿线指挥人员和抢险救灾人员之间的调度通信(采用组呼方式)。此系统是在突发事件情况下才启用,由网络调度员通过动态重组功能设置临时通话小组,将应急指挥人员、各专业的抢修人员、

车站值班人员等组成一组以适应现场抢险应急需要。

五、闭路电视监控系统

闭路电视监控系统是轨道交通运营管理及保证运输安全的重要手段,它给控制中心的调度员、各车站值班员、公安值班人员等提供有关列车运行、旅客疏导、防灾救火、突发事件等情况下的现场视频信息。电视监控系统主要由中央控制室监视控制设备、车站监控设备、车站硬盘录像设备、云台摄像机和固定摄像机等设备组成。

1. 摄像部分

摄像部分是电视监控系统的前沿部分,是整个系统的"眼睛"。它布置在被监视场所的某一位置上,使其视场角能覆盖整个被监视区域的各个部位。

2. 传输部分

传输部分就是系统的图像信号传送的通路。一般来说,传输部分指的是传输图像信号,由于某些系统中除图像外,还要传输声音信号,有时需要由控制中心通过控制台对摄像机、镜头、云台、防护罩等进行控制,因而在传输系统中还包含有控制信号的传输。

3. 控制部分

控制部分是整个系统的指挥中心。控制部分的主要功能有视频信号放大与分配、图像信号的校正与补偿、图像信号的切换、图像信号的记录、摄像机及其辅助部件(如镜头、云台、防护罩等)的控制等。

4. 显示部分

显示部分一般由多台监视器、监视屏幕墙或电脑显示器组成。其功能是将传送过来的图像显示出来。在电视监视系统中,特别是在由多台摄像机组成的电视监控系统中,一般都不是一台监视器对应一台摄像机进行显示,而是几台摄像机的图像信号用一台监视器轮流切换显示。这样可以节省设备,减少空间占用。当某个被监视的场所发生情况时,可以通过切换器将这一路信号切换到某一台监视器上一直显示,并通过控制台对其遥控跟踪记录。在一般的系统中通常都采用 4∶1、8∶1,甚至 16∶1 的摄像机对监视器的比例数设置监视器的数量。

六、广播系统

广播系统为乘客提供列车到发时间、安全提示信息的同时,还能在紧急情况或突发事件时为乘客提供疏散信息。广播系统主要由中央控制设备、车站、段厂控制设备、站厅、站台声场设备等组成。

七、其他系统

城市轨道交通通信系统除上述系统外,还有时钟系统、旅客引导显示系统、防雷系统、光纤在线监测系统、动力环境监测系统、UPS 不间断电源系统等。这些系统的功能及组成简述如下。

1. 时钟系统功能

时钟主要是为行车组织提供统一的标准时间,并向其他系统提供标准时间信号。时钟系统由中心母钟、监控终端、二级母钟、子钟及传输通道等设备构成。

2. 旅客引导显示系统功能

旅客引导显示系统的主要功能是为旅客提供关于行车时刻表、安全提示、视频等的文字或多媒体视频信息。旅客引导显示系统由中心控制终端、车站控制设备、LED（发光二极管）显示屏、PDP（等离子）或液晶显示屏组成。

3. 防雷系统功能

防雷系统为其他通信子系统提供防雷保护，当设备遭到雷击或强电干扰后，防雷系统通过隔离保护、均压、屏蔽、分流、接地等方法减少雷电对设备的损害。

4. 光纤在线监测系统功能

光纤在线监测系统主要为光缆传输通道进行实时在线监测，维护人员可以通过网管监控设备监测光缆状态，并能在故障时判断故障点位置。

5. 动力环境监测系统功能

动力环境监测系统对通信机房的温湿度、烟雾、空调等工作环境进行监测以及对通信系统 UPS 电源设备的工作参数进行监控，通过传输设备将车站内通信机房的信息传至控制中心网络管理终端，以便维护工作人员能够实时监测车站状况。

6. UPS 不间断电源系统功能

UPS 不间断电源系统主要为其他通信子系统提供稳定的电源，当市电或 UPS 主机故障时，通过电池组为设备供电，保证通信设备正常运行。UPS 不间断电源系统包括主机、蓄电池组、配电设备等。

参考文献

［1］邓院昌.天眼如梭织绿道:智能交通技术与应用［M］.广东:广东科技出版社,2013.

［2］王云鹏,严新平等.智能交通技术概论(第2版)［M］.北京:清华大学出版社,2020.

［3］曲大义,陈秀锋等.智能交通系统及其技术应用(第2版)［M］.北京:机械工业出版社,2019.

［4］汽车百科全书编纂委员会.汽车百科全书［M］.北京:中国大百科全书出版社,2010.

［5］吉武俊,胡勇.汽车概论(第2版)［M］.北京:北京理工大学出版社,2019.

［6］马骁,帅石金,丁海春.汽车文化(第3版)［M］.北京:清华大学出版社,2021.

［7］张斌.赵良红.新能源汽车动力电池及充电系统检修［M］.北京:机械工业出版社,2018.

［8］景平利.走进新能源汽车［M］.北京:机械工业出版社,2017.

［9］崔胜民.智能网联汽车概论［M］.北京:人民邮电出版社,2019.

［10］时素玲.智能传感器的应用与发展趋势［J］.电子技术与软件工程,2019(03):88.

［11］姚林泉,汪一鸣等.城市轨道交通概论(第3版)［M］.北京:清华大学出版社,2022.

［12］阎国强.城市轨道交通概论(第2版)［M］.北京:人民交通出版社,2020.

［13］李建国.城市轨道交通系统概论(第3版)［M］.北京:机械工业出版社,2019.